Prix : **60** centimes.

AUTEURS CÉLÈBRES

Eugène CHAVETTE

LE
PROCÈS PICTOMPIN

PARIS
LIBRAIRIE MARPON & FLAMMARION
E. FLAMMARION, ÉDITEUR
26, RUE RACINE, PRÈS L'ODÉON

LE PROCÈS

PICTÓMPIN

ET

SES DIX-HUIT AUDIENCES

IMPRIMERIE C. MARPON ET E. FLAMMARION
RUE RACINE, 26, A PARIS.

LE PROCÈS

PICTOMPIN

ET

SES DIX-HUIT AUDIENCES

RECUEILLIES ET MISES EN ORDRE

PAR EUGÈNE CHAVETTE

Qui passait là par hasard en 1853

PARIS

LIBRAIRIE MARPON & FLAMMARION

E. FLAMMARION, SUCCr

26, RUE RACINE, PRÈS L'ODÉON

Tous droits réservés.

le numéro 490 a été relié
par l'erreur, dans le vol. portant
les ss. cotes : 229-230,

AU LECTEUR

AU LECTEUR

—

Quand le *procès Pictompin* parut en 1854 dans le journal *le Tintamarre*, cette patrie du coq-à-l'âne et de la calembredaine, il eut quelque succès parmi les amateurs du franc rire.

Aujourd'hui, sortie de son cadre excentrique et dépouillée par le temps de tout l'à-propos des allu-sions actuellement oubliées, cette série d'audiences burlesques paraîtra une aberration d'esprit, un cauchemar, une culbute. — Soit ! je le veux bien, mais la faute en est à mon éditeur, qui a exigé une édition véritablement complète.

Une première publication en a été faite à mon

insu, mais tronquée, inachevée et surtout si sin-
gulièrement privée de nom d'auteur, qu'on a pu
l'attribuer à Commerson. Comme je ne veux pas
que mon vieux camarade soit blâmé pour une
faute qu'il n'a jamais commise, j'abandonne à mon
éditeur le *procès Pictompin* bien complet et signé
du vrai coupable.

EUGÈNE CHAVETTE.

Rome. — Mai 1858.

PREMIÈRE AUDIENCE

TRIPLE EMPOISONNEMENT

POISON INCONNU

MYSTÉRIEUX MOTIFS DE L'ACCUSÉ

COUR D'ASSISES DU HASSELT

(Limbourg Belge)

PRÉSIDENCE DE M. ULYSSE TAILLEBEUR

PREMIÈRE AUDIENCE

Dès le matin, une foule nombreuse assiégeait la porte du prétoire. — Le mystérieux motif du crime, le poison inconnu dont s'est servi l'accusé, l'immense fortune qu'il possède, tout promettait des détails piquants pour la curiosité des dames limbourgeoises — A neuf heures, on annonce la Cour, et l'accusé ne tarde pas à venir s'asseoir sur son banc; rien, en lui, n'indique le crime horrible dont il est accusé ; il porte à son bras un vieux cabas. — Mᵉ Polymnestor, du barreau de Soissons, est venu chez nous lui prêter l'appui de son beau talent.

Parmi les spectateurs, on remarque la tante de l'accusé, vieille dame dont la vue est si sensible, qu'elle a fait dépolir les verres de ses lunettes pour tempérer l'action de la lumière ; un seul petit trou est ménagé au milieu de ces verres blanchis pour laisser passer le rayon visuel.

LE PRÉSIDENT. — Accusé, déposez votre cabas à vos pieds, et levez-vous. (*Il obéit.*) Quels sont vos nom et prénoms.

L'ACCUSÉ. — Louis-Hector Crevant.

LE PRÉSIDENT. — Quelle est votre profession ?

L'ACCUSÉ, *d'une voix ferme.* — J'adore ma tante et j'ai été vacciné.

LE PRÉSIDENT. — Très-bien ! Vous êtes

accusé d'avoir empoisonné madame Pictompin et ses deux filles que vous avez accompa-
gnées à Paris. Voulez-vous avouer la vérité?

L'ACCUSÉ. — J'adore ma tante.

LE PRÉSIDENT. — Alors asseyez-vous et
écoutez la lecture de l'acte d'accusation.

(L'accusé, après s'être assis, ouvre son
cabas, en tire de la laine et des aiguilles, et
se met à tricoter des bas pendant la lecture
du greffier.)

LE GREFFIER. — « Le 18 septembre dernier, Mme Pictompin, riche propriétaire, par-
tait pour Paris avec ses deux filles, aux-
quelles elle voulait faire voir l'hippopotame
et M. Thibaudeau. — A l'embarcadère, elle
fit rencontre de l'accusé, son PROPRIÉTAIRE,
habitant avec sa tante l'appartement situé en
dessous de celui des dames Pictompin : —
tous quatre partirent ensemble.—Deux jours
après, Mme Pictompin écrivait à une de ses

amies, lui annonçant son heureuse arrivée à Paris; elle avait déjà visité M. Thibaudeau. Dans cette lettre, elle parlait de sa rencontre avec l'accusé, dont elle vantait la politesse et les manières élégantes. La tendre mère entrevoyait déjà le mariage pour une de ses filles chéries. Hélas!!! — Cette lettre devait être la dernière, car vingt-sept jours après (15 novembre), Crevant revenait seul de Paris, porteur d'un triple extrait mortuaire. — Bientôt les bruits d'empoisonnement circulèrent; les entrailles des victimes exhumées, soumises à une analyse chimique, révélèrent la présence d'un poison inconnu. — Crevant fut arrêté; mais à tous les interrogatoires de l'instruction, il n'a répondu que par ces mots : *J'adore ma tante.* Quel peut avoir été le motif de l'accusé? Il est riche, instruit, beau et vacciné. — La vérité va-t-elle sortir de ces débats? »

Pendant cette lecture, aucune émotion ne s'est manifestée sur le visage de l'accusé, qui n'a cessé de tricoter avec énergie ; il a presque achevé le bout de pied et le fait admirer à son avocat, M° Polymnestor. — Tant de cynisme semble révolter l'assistance ; tout porte à croire que si Crevant est acquitté, il ne trouvera pas à se marier dans le pays. — On entend les sanglots de la tante.

On procède à l'appel des témoins ; ils sont vingt-sept à charge et trois à décharge.

LE PRÉSIDENT. — Accusé, quittez votre travail et levez-vous. (*Il obéit*). Qu'avez-vous à répondre ?

L'ACCUSÉ. — J'adore ma tante.

LE PRÉSIDENT, *sévère*. — Demain, sans doute, la prison vous aura délié la langue. (*Aux gendarmes*.) Reconduisez ce vilain entêté.

La foule se retire en faisant mille commentaires.

(Au départ du courrier, le train de *plaisir*, organisé pour la circonstance par la compagnie Franco-Belge, débarquait de nombreux touristes parisiens qui se sont disséminés par la ville en demandant à visiter les couvents.)

DEUXIÈME AUDIENCE

Depuis sa rentrée dans la prison, l'accusé Crevant a toujours gardé son même sang-froid ; — il n'a pas encore prononcé d'autres paroles que son invariable phrase : *J'adore ma tante !* Un impénétrable mystère entoure toujours la mort des dames Pictompin.

L'audience est ouverte à dix heures. — L'accusé entre bientôt, suivi de Me Polymnestor, du barreau de Soissons, son avocat. — La tante de Crevant ne tarde pas à paraître : elle sanglote sous un abat-jour vert.

Au moment de l'appel des témoins, M⁰ Polymnestor lit une lettre du sieur Gil-Pérès, artiste dramatique et témoin à décharge ; il s'excuse de ne pouvoir se présenter à l'audience : il est retenu à Paris par ses débuts au *théâtre du Palais-Royal*. — Un vif désappointement se manifeste dans l'auditoire, car le bruit a couru que ce témoin est le seul qui sache dans quel but l'accusé a agi et le poison dont il s'est servi. — Après délibéré, la cour décide que le témoin Gil-Pérès sera entendu à la fin des débats.

On appelle le premier témoin.

LE PRÉSIDENT. — Quels sont vos nom, prénoms et âge ?

LE TÉMOIN. — Jean-François Thibaudeau, dit Milon, 57 ans.

Tous les regards se tournent vers le témoin ; on se rappelle que c'est dans le double but de voir Thibaudeau et l'hippopotame que les dames Pictompin sont allées à Paris.

LE PRÉSIDENT. — Quelle est votre profession ?

THIBAUDEAU. — Homme à la mode.

UN JURÉ, *curieux*. — ... de Caen ?

LE PRÉSIDENT. — Dans l'instruction vous avez pris le titre d'intelligent directeur.

THIBAUDEAU. — J'ai cru que c'était arrivé ; un ami m'avait trompé.

LE PRÉSIDENT, *sévèrement*. — Cet ami est inexcusable !... Dites-nous ce que vous savez de la cause.

THIBAUDEAU. — Le 20 septembre dernier, un de mes huissiers vint me prévenir que trois dames désiraient m'admirer ; je passai à la hâte mon habit et mes décorations, puis je donnai ordre de les faire entrer.

LE PRÉSIDENT. — Que vous dirent ces dames ?

THIBAUDEAU. — Rien : l'admiration les pétrifiait.

LE PRÉSIDENT. — Avez-vous remarqué à l'altération de leurs traits si elles souffraient alors des premières atteintes du poison auquel elles ont succombé?

THIBAUDEAU. — Non, monsieur le président, leur visage exprimait la surprise; quand elles sortirent, j'entendis la plus jeune dire à voix basse : « Mon Dieu, qu'il est beau! On ne peut pas être à la fois aussi beau et vivant! il doit être en cire! »

UN JURÉ. — Monsieur le président veut-il demander au témoin si ces dames, en se retirant, n'ont pas laissé le prix de leur visite.

LE PRÉSIDENT. — Témoin, répondez.

THIBAUDEAU. — Oui, monsieur, elles laissèrent six sous, mais à mon insu; ce fut Hippolyte, mon régisseur, qui, en entrant dans mon cabinet, aperçut le premier cette somme et s'écria : « Il faut bien vite donner un à-compte aux artistes. »

LE PRÉSIDENT.—Vous pouvez vous retirer.

Mᵉ POLYMNESTOR. — Je prie monsieur le président d'ordonner la présence du témoin pendant toute la durée des débats : sa déposition peut encore être nécessaire à mon client.

LE PRÉSIDENT. — Accordé.

THIBAUDEAU. — Mais j'ai besoin d'aller à Paris *réunir* mes artistes.

LE PRÉSIDENT. — Ils sont las d'être réunis; une fois de plus ne les avancerait pas davantage. Allez vous asseoir.

THIBAUDEAU. — C'est de la tyrannie !

LE PRÉSIDENT, *avec sévérité.* — Un mot encore, et je vous fais immédiatement appliquer la décoration du Limbourg.

THIBAUDEAU, *avec intention.* — Oui, c'est du despotisme !

LE PRÉSIDENT, *avec force*. — Gendarmes, emparez-vous du témoin et flanquez-lui la décoration du Limbourg.

Le témoin est entraîné hors de la salle; bientôt le piétinement d'une lutte annonce que la force publique est en train de le décorer. Un morne effroi glace les spectateurs.

Pendant ce drame, l'accusé tricote toujours son bas de laine; les deux gendarmes, assis à ses côtés, lisent *le Mousquetaire;* la tante de l'accusé persiste à sangloter. Le calme se rétablit.

LE PRÉSIDENT. — Accusé Crevant, voulez-vous enfin parler.

L'ACCUSÉ. — J'adore ma tante.

LE PRÉSIDENT, *désespéré*. — Pardon de vous avoir dérangé, reprenez votre tricot.

On appelle le second témoin.

JEAN FICHASSE, carabinier. — Le 18 septembre, je retournais rejoindre mon corps.

En montant en wagon, à Hasselt, je le trouvai occupé par trois dames et un jeune homme.

LE PRÉSIDENT. — Témoin, reconnaissez-vous l'accusé pour le jeune homme du wagon?

Le témoin examine longtemps le visage de l'accusé et semble hésiter.

LE PRÉSIDENT. — Répondez.

LE TÉMOIN. — L'autre avait des sous-de-pieds, ça me déroute un peu.

Le président donne aussitôt l'ordre d'attacher des sous-de-pieds au pantalon de l'accusé.

LE TÉMOIN, *vivement*. — Oh! oui! je reconnais maintenant sa figure.

LE PRÉSIDENT. — Continuez votre déposition.

LE TÉMOIN. — Nous fîmes route silencieusement; mais quand le convoi passa sous le tunnel, je sentis qu'on m'appliquait sur les joues deux vigoureux baisers; je saisis mon inconnue par la taille, et quand l'obscurité cessa, mon étonnement fut grand en reconnaissant madame Pictompin mère. Je lui demandai son adresse à Paris : elle me donna rendez-vous, pour le samedi suivant, au Jardin-des-Plantes, devant l'hippopotame. Jusqu'au terme du voyage, elle me passa de temps en temps la main dans les cheveux; j'aurais fort bien pu...

LE PRÉSIDENT, *vivement.* — Assez : votre déposition n'a aucun rapport avec la cause; retournez à votre place.

ANTOINE CALIN, le propriétaire de l'*Hôtel des Draps blancs,* à Paris. — Le 19 septembre, les dames Pictompin descendirent à mon hôtel; elles étaient suivies d'un jeune homme portant les ombrelles et les cartons. Sur leur demande, je leur servis un fricandeau froid.

LE PRÉSIDENT. — Avez-vous vu l'accusé jeter quelque poudre sur cette viande ?

LE TÉMOIN. — Non, mais à plusieurs reprises il tripota mon fricandeau dans ses mains, le mettant sous son nez pour s'assurer s'il était frais.

LE PRÉSIDENT. — Que disaient ces dames ?

LE TÉMOIN. — Elles paraissaient charmées de cette prévenance. — Le lendemain, le jeune homme vint chercher ces dames pour dîner; il était accompagné d'un de ses amis, que j'ai parfaitement reconnu : c'est le nommé Gil-Pérès, artiste dramatique.

L'audience est levée à six heures.

La foule se retire avec une fiévreuse impatience de connaître la vérité.

TROISIÈME AUDIENCE

TROISIÈME AUDIENCE

La foule se presse encore plus compacte
qu'aux audiences précédentes; le mystère
qui plane sur cette triste affaire, les premières
dépositions, l'affreuse peine appliquée au témoin Thibaudeau, tout concourt à tenir en
éveil la curiosité des dames du Limbourg;
plusieurs d'entre elles ont passé la nuit à la
porte du prétoire pour être plus commodé-
ment placées. Le bruit se répand que le témoin *Gil-Pérès,* si impatiemment attendu, et
dont la déposition doit jeter un grand jour

sur le crime, est enfin arrivé de la veille.

A midi, la Cour entre en séance. Le président ordonne d'introduire l'accusé CREVANT, qui apparaît bientôt entre les deux gendarmes dont il a fait ses amis. — Il est suivi de Mᵉ Polymnestor, son avocat, donnant le bras à la tante de l'accusé. Les sanglots de cette dernière se sont changés en un hoquet convulsif qui rappelle Frédérik Lemaître dans ses dernières créations. — L'accusé s'est fait couper les cheveux et en a fait donation aux hospices.

Au banc des témoins, on remarque Thibaudeau portant à la boutonnière le large ruban vert à petits pois, de l'ordre du Limbourg; il étale avec cynisme cette marque de la peine qu'il subit. — Un murmure d'indignation circule dans l'auditoire.

LE PRÉSIDENT. — Accusé, êtes-vous enfin décidé à parler?

L'ACCUSÉ. — J'adore ma tante.

LE PRÉSIDENT, *d'un ton aimable.* — Crevant, vous prenez là un funeste système de défense ; encore une fois, répondez.

L'ACCUSÉ, *d'une voix ferme.* — J'adore ma tante.

A cette réponse, les sanglots de la tante deviennent si violents qu'ils agacent le peuple.

UN GAMIN. — Qu'on la fusille !

LE PRÉSIDENT, *d'un ton sévère.* — Madame Crevant, vous troublez l'audience. — Gendarme, jetez de la cendre sur madame et emportez-la sur une pelle.

Cette mesure énergique paraît un instant troubler le sang-froid de l'accusé ; il se dresse convulsivement debout ; mais bientôt il retombe lourdement sur les genoux d'un gendarme qui essuyait tranquillement ses lunettes pour reprendre la lecture du *Mousque-*

taire. — La sévérité du président excite des murmures sur les bancs du jury; M⁰ Polymnestor, du barreau de Soissons, feint d'attacher ses cordons de souliers pour mieux cacher son émotion.

THIBAUDEAU, *à part.* — J'ai bien envie de sangloter pour qu'on me fasse passer officier de l'ordre du Limbourg.

Il commence à mettre son projet à exécution; de légers sanglots se font entendre.

LE PRÉSIDENT. — Faites avancer un nouveau témoin.

ANDRÉ HOFFMANN. — Artiste dramatique, 21 ans.

LE PRÉSIDENT. — Dites-nous ce que vous savez de la cause.

LE TÉMOIN. — Mon président... vous savez... dans le creux... bien souvent... la petite mère... tyranniquement... j'en ai vu en Suisse qui avaient cent pieds [1].

LE PRÉSIDENT. — Plaît-il.

LE TÉMOIN. — Comme ça... vu la bourgeoise ou le couvert d'argent... car j'ai mon contrôleur... et j'en ai vu en Suisse qui avaient cent pieds.

L'étonnement se peint sur tous les visages, le président semble hésiter à continuer l'interrogatoire.

Mᵉ POLYMNESTOR. — Dans l'intérêt de l'accusé, mon client, je requiers l'assistance d'un interprète pour le témoin, qui me paraît user d'un idiome particulier.

La demande du défenseur est approuvée et l'audience suspendue jusqu'à l'arrivée de l'interprète.

____

1. Deux ans plus tard, cette plaisanterie était remplacée par une épouvantable réalité; André Hoffmanr mourait dans une maison de fous.

(Note de l'éditeur).

L'INTERPRÈTE, *après quelques mots échangés avec le témoin.* — Le témoin parle l'idiome vandale corrompu, il prétend ne pas jouer en lever de rideau et ne veut paraître que dans les vaudevilles en un acte; toutefois, il demande de l'augmentation.

LE PRÉSIDENT. — Ceci est fort malheureux pour les auteurs, dont cette mauvaise volonté laisse les œuvres en souffrance, mais est entièrement étranger à la cause qui nous occupe.

L'INTERPRÈTE, *après un court dialogue avec le témoin.* — Il persiste dans son dire.

LE PRÉSIDENT, *à l'interprète.* — Alors faites-lui comprendre qu'il peut s'en aller.

Le témoin quitte la salle; — un médecin, qui assistait à l'audience le suit à distance, curieux de l'étudier. — Les sanglots de Thibaudeau commencent à devenir plus distincts. — Un nouveau témoin se présente.

LE PRÉSIDENT. — Quels sont vos nom et profession ?

LE TÉMOIN. — Adolphe Alain, secrétaire au Vaudeville.

LE PRÉSIDENT. — Parlez sur la cause.

LE TÉMOIN. — *La danse des tables*, ironiquement appelée la gymnastique des esprits, croyez-moi, monsieur le président, n'est qu'un simple phénomène qui s'accomplit avec plus ou moins de rapidité suivant l'intensité du fluide.

LE PRÉSIDENT, *avec surprise*. — Mais, témoin, il s'agit des dames Pictompin !!!

LE TÉMOIN. — Point ne l'ignore, monsieur le président ; aussi c'est ce qui me fait vous dire que le mouvement s'opère sur l'axe du meuble et toujours vers le nord ; quelquefois cependant la rotation se fait de droite à gauche.

LE PRÉSIDENT. — Assez ! assez ! allez vous

asseoir. (*A part, avec désespoir.*) Qu'est devenu le *Vaudeville!* grands dieux!

Le désappointement est général; la curiosité inassouvie des spectateurs se traduit bientôt par un murmure de mécontentement, que les faux sanglots de Thibaudeau ne parviennent pas à dominer.

On appelle le témoin GIL PÉRÈS.

A ce nom, le calme renaît comme par enchantement, et tous les yeux se tournent vers ce témoin de la bouche duquel la vérité va enfin sortir.

C'est un colosse de six pieds et barbu comme un bouc.

Au nom de Gil Pérès, l'accusé a pâli; mais, après avoir jeté les yeux sur le témoin, un léger sourire ironique vient plisser ses lèvres de corail.

LE PRÉSIDENT. — Comment avez-vous fait connaissance de l'accusé?

LE TÉMOIN. — J'avais un jour du noir dans l'âme et j'éprouvais le besoin d'une solitude complète; je me rendis donc aux *Cours d'éloquence* de Philoxène Boyer; mais je fus désagréablement surpris d'y trouver un auditeur; j'allais me retirer quand il m'aborda en me demandant si je n'étais pas Ravel. Nous fîmes connaissance, et il me donna rendez-vous pour le lendemain à l'*Hôtel des Draps blancs*. Nous devions, disait-il, y trouver des dames : c'était une partie fine.

Pendant cette déposition, on fait passer un papier au président; il jette plusieurs fois les yeux, puis les reporte avec étonnement sur le témoin.

Me POLYMNESTOR. — Le témoin peut-il nous dire si Thibaudeau devait se trouver à cette partie?

LE TÉMOIN. — Il ne devait y être présent que dans nos cœurs, car il s'agissait de célébrer, le verre en main, la gloire d'avoir pu l'approcher.

LE PRÉSIDENT, *d'une voix éclatante.* — Témoin, assez d'impudence ! vous n'êtes pas Gil Pérès.

LE TÉMOIN. — Je vous affirme le contraire.

LE PRÉSIDENT. — Voici son signalement; vous êtes un géant, et je vois que ce témoin est petit, délicat et gracieux par-dessus tout.

LE TÉMOIN. — Je soutiens mon individualité.

LE PRÉSIDENT. — Alors je vais vous soumettre à une épreuve : Annoncez-moi l'auteur de la pièce ayant pour titre : *Un trait d'union.*

LE TÉMOIN, *d'une seule haleine.* — Messieurs, la pièce que nous avons eu l'honneur de représenter devant vous est de M. Hippolyte Leroux.

LE PRÉSIDENT, *avec force.* — Gendarmes, sautez dessus. (*Au témoin.*) Vous vous êtes trahi en oubliant dans cette annonce l'intonation railleuse qui est de tradition pour cette pièce. — Persistez-vous dans votre mensonge?

LE TÉMOIN, *repentant.* — Non, je ne suis pas Gil Pérès, mais je suis son portier, et comme j'ai l'habitude de faire ses courses, il m'a envoyé.

LE PRÉSIDENT. — Silence! (*Aux gendarmes.*) Qu'on l'entraîne et qu'il soit décapité sur l'heure.

Après le départ du témoin, la gaieté renaît parmi les spectateurs, dont cet incident a déridé les fronts.

LE PRÉSIDENT. — Témoin Thibaudeau approchez et dites-nous dans quels rapports vous vous trouvez avec les auteurs.

LE TÉMOIN, *avec impudence.* — En hostilité

complète, mais je suis bonne fille, et j'en ris, car *mes amis ne sont pas dans leur monde.*

UN JURÉ, *avec intérêt.* — Le témoin n'a-t'il jamais été malade?

LE PRÉSIDENT, *au juré.* — J'ai fait assigner le docteur Blanche, qui a donné des soins au témoin, quand il était directeur du théâtre des Variétés.

(Au départ du courrier, l'audience continuait.)

QUATRIÈME AUDIENCE

QUATRIÈME AUDIENCE

Le retentissement obtenu par les débats de la triste affaire PICTOMPIN a attiré une telle foule, que les ouvriers ont passé la nuit à percer des *judas* dans le plafond de la salle d'audience; ces ouvertures sont garnies de têtes de privilégiés qui, couchés sur le ventre, assistent, à vol d'oiseau, aux différentes phases du sinistre drame qui se déroule en dessous d'eux.

A dix heures, on annonce la Cour. — L'accusé CREVANT paraît bientôt, soutenu

par ses deux gendarmes devenus pour lui
des oncles. Il porte à la main le bas qu'il
tricote depuis le commencement des débats;
on prétend qu'il a l'intention de le faire en-
cadrer et de l'envoyer à M. Achille Jubinal
qui organise des musées pour la province.—
En passant, il tapote les joues de son défenseur, Mᵉ Polymnestor, qui s'était momenta-
nément absenté pour aller à Soissons sur-
veiller les lampions de la fête du Comice
agricole.—Le témoin Thibaudeau, à cheval
sur son banc, contente sa passion favorite
en faisant des tours de cartes, à la grande
satisfaction de ses voisins, les autres témoins.

Mᵉ POLYMNESTOR.—Monsieur le président,
la tante de CREVANT demande qu'il lui soit
de nouveau permis d'assister aux débats
elle s'engage à assourdir le fracas de ses
sanglots.

LE PRÉSIDENT. — Accordé.

On introduit la tante de l'accusé, toujours munie de son abat-jour vert. — Elle étouffe ses sanglots dans un édredon qu'elle tient à la main ; par moments, sa vénérable tête disparaît entièrement dans le duvet.

LE PRÉSIDENT, *d'un ton sévère.* — Madame Crevant, observez-vous mieux qu'aux audiences précédentes ; car, franchement, vous aviez l'air de vous croire à la Bourse.

La pauvre dame cache son embarras dans son édredon.

LE PRÉSIDENT. — Accusé, êtes-vous enfin décidé à rompre ce silence qui m'afflige pour vous et pour votre famille ?

L'ACCUSÉ *debout, la main sur le cœur.* — J'adore ma tante !

Après cette opiniâtre réponse, qui excite un léger murmure, Crevant retombe sur son banc et reprend son tricot. — Le gendarme de droite recoud sa bretelle, celui de gauche

lit les *Adieux au monde*, de Céleste Mogador ;
il sourit aux pages retraçant le portrait du
vaudevilliste Alfred Delacour, dit *la terre*
promise des dames.

On appelle le témoin suivant.

ISIDORE VERGEOT, chef d'accessoires au
Vaudeville.

LE PRÉSIDENT. — Avez-vous eu connaissance de la visite faite au témoin Thibaudeau par les dames Pictompin ?

LE TÉMOIN. — Oui, quand elles sortirent,
je causais sur le carré avec quelques auteurs auxquels je reprochais de ne rien *nous*
apporter ; je les blâmais sur leur indifférence
à *notre* égard, ils paraissaient *nous* être
hostiles.

LE PRÉSIDENT. — Pardon, vous venez de
prendre le titre de chef d'accessoires ; mais,
à votre ton, vous me semblez occuper un
emploi plus important dans l'administra-

ition : seriez-vous par hasard actionnaire du théâtre.

LE TÉMOIN. — Oh! oh!

LE PRÉSIDENT.— Alors, quelle est votre profession?

LE TÉMOIN, *d'une voix vibrante.*— Je suis DOCHISTE.

LE PRÉSIDENT, *au jury.* — Messieurs du jury, je crois devoir vous instruire que ce théâtre est en proie à deux factions, les *do-chistes* et les *pagistes*, c'est-à-dire partisans de madame Doche et de mademoiselle Page. Ce schisme a eu lieu à la suite d'une discussion entre ces dames sur le droit d'aînesse; ni l'une ni l'autre ne veut avoir un plat de lentilles à vendre.

UN JURÉ *très-curieux.* — Le témoin peut-il nous renseigner sur l'âge exact de ces dames? Ne sont-elles pas de la même promotion?

LE TÉMOIN. — Non, mais je puis vous le faire comprendre par une figure.

LE PRÉSIDENT. — Oh! parlez, Vergeot, mon bon Vergeot, parlez!

LE TÉMOIN. — Madame Doche jouait en lever de rideau, pendant que mademoiselle Page attendait tout habillée, au foyer, pour paraître dans la seconde pièce.

LE JURÉ *très-curieux*. — Précisez la date de cette représentation.

LE TÉMOIN, *avec force*. — Prenez ma tête, je n'en dirai pas davantage... je défie vos bourreaux.

LE JURÉ. — Dites-nous au moins l'année où ces dames ont tiré à la conscription, nous nous chargeons du reste.

LE TÉMOIN, *d'un ton narquois*. — Et votre sœur, est-elle heureuse?

LE PRÉSIDENT, *à part, désespéré*. — Autant vaudrait demander le nombre des grains de sable que recouvre l'Océan de sa vague aussi verte que salée. (*Au témoin.*) Allez vous asseoir.

LE TÉMOIN, *regagnant sa place.* — Vivent les dochistes! à bas les pagistes!

L'audience demeure suspendue pendant quelques minutes. — Un nouveau témoin se présente à la barre.

MARIE D'AUDOIRD, **31** ans, artiste dramatique et pagiste.

Une odeur de fauve se répand dans la salle.

LE PRÉSIDENT. — Avez-vous entendu parler des dames Pictompin?

LE TÉMOIN. — Oui, *moun pichoun,* le zour même, tout le monde il en zacassait au foyer.

LE PRÉSIDENT. — Donnez des détails.

LE TÉMOIN. — Le soir, le foyer il avait son aspect zournalier, on zouait au zeu de bezi, et Thibaudeau il montrait des tours de cartes à Alfred.

LE PRÉSIDENT. — Quel est cet Alfred?

LE TÉMOIN. — Alfred est le dernier des *Popincourt!* bagasse! — Lui et les autres zeunes zens ils nous gorzaient de bonbons... Quand ils entraient, on chantait l'air du *Barbier de Séville.*

LE PRÉSIDENT.— Quels étaient ces jeunes gens?... de quel droit se trouvaient-ils au foyer?

LE TÉMOIN. — Il devait zouer dans un drame ayant pour titre : *Z'en ferai des actionnaires,* — mais la pièce elle n'a pas été zouée.

LE PRÉSIDENT. — Pourquoi?

LE TÉMOIN. — Elle a eu un mauvais dé-noûment.

LE PRÉSIDENT. — Mais à manger tant de bonbons vous pouviez vous rendre malades! le théâtre a-t-il ses médecins?

LE TÉMOIN.— Les médecins, *troun de l'air!*

ils avaient déserté à cause des exizences de Thibaudeau.

LE PRÉSIDENT. — Quand on vint à parler des dames Pictompin, quelle fut la contenance de ce dernier.

LE TÉMOIN. — Il écoutait un auteur qui lui lavait la tête et l'accablait de dures vérités; mais, comme on vint le demander, il dit à celui-ci : *Pardon, ze suis à vous dans un instant.* — Bientôt il revint et l'auteur il recommença à lui laver la tête.

A ce moment, une grande agitation règne dans l'auditoire; la nouvelle circule qu'en faisant la levée des scellés au logis des dames Pictompin on a trouvé un enfant dans les papiers, de la plus jeune, mademoiselle Léonie, celle qui croyait avoir vu Thibaudeau à l'étalage d'un coiffeur.

LE PRÉSIDENT. — Accusé, voulez-vous enfin avouer ?

L'ACCUSÉ. — J'adore ma tante.

LE PRÉSIDENT. — Vous l'entendez, on vient de trouver un enfant; son père est inconnu et vous lui avez enlevé sa mère.

L'ACCUSÉ. — J'adore ma tante.

LE PRÉSIDENT. — Grâce à vous, cet orphelin va se trouver seul sur terre.

UNE VOIX TRAINANTE. — Passez-moi l'enfant, je l'adopte.

A ces mots, la foule s'écarte avec respect, et l'on voit paraître à la barre une dame vêtue de noir; son visage, qui n'est plus de la dernière jeunesse, est encadré d'anglaises. Elle a le nez si retroussé qu'on lui voit la cervelle.

LE PRÉSIDENT. — Votre nom?

LE BON ANGE. — Alice Ozy.

LE PRÉSIDENT. — Vous désirez vous charger de cet enfant?

LE BON ANGE.— Oui, j'en aurai bien soin, il mangera tous les deux jours.

A ce beau trait, de douces larmes coulent de tous les yeux; M⁰ Polymnestor pleure comme un vieux morceau de gruyère.

LE PRÉSIDENT. — Alors, madame, l'enfan⁺ est à vous; laissez votre adresse, on vous l portera.

Elle ouvre la bouche pour remercier; mais au moment où le public s'aperçoit qu'elle a de fausses dents, le président lève la séance.

La foule s'écoule silencieuse et émue.

CINQUIÈME AUDIENCE

CINQUIÈME AUDIENCE

L'affaire Pictompin voit augmenter chaque jour son fatal retentissement. — Dès
lundi dernier, la foule qui a passé les nuits
sur pied, était devenue si compacte que le
service de salubrité dut être interrompu.

Aujourd'hui, malgré la pluie continuelle,
l'agglomération est devenue telle , que ,
dans plusieurs rues, les constructions qui
bordaient ont été reculées sous la lente pression de la foule. Mardi la place Fricot a craqué.

— Hier, un épouvantable malheur est donc

arrivé : tout le côté droit de la rue Marc-Leprovost s'étant trouvé subitement reculé de deux mètres, la ruelle Milton, qui allait parallèlement à cette rue, a été immédiatement aplatie ; 800 boursiers qui y péroraient en ce moment ont partagé le sort de cette ruelle. Les communications entre la prison et le tribunal se font à l'aide de planches posées à plat sur la foule ; c'est par ce chemin que la Cour a pu se rendre au palais de justice. Ces planches, d'heure en heure, sont parcourues au galop par les huissiers du tribunal qui, à cheval, vont, par les guichets des poternes, communiquer les nouvelles aux populations des campagnes, accourues de plus de cinquante lieues, et stationnant en dehors des remparts, car le président a fait fermer les portes de la ville.

Jeudi, un spéculateur habile qui possédait en magasin un millier d'estampes représentant le cardinal de Richelieu, a eu l'heureuse idée de les vendre comme portrait de Thibaudeau; en quatre heures il a amassé soixante mille livres de rentes. Les deux derniers exemplaires ont été poussés jusqu'à 112 et 122,000 francs. Le *fac-simile* en plâtre de l'œil droit de ce témoin fameux ne se vend pas moins de 40 pistoles. — Cette admiration universelle faisant craindre le retour du paganisme, des ordres sévères ont été donnés par les autorités, qui, dit-on, ont fait dresser à l'avance de nombreux bûchers.

A neuf heures la Cour entre en séance. — L'accusé est bientôt amené par les deux bons gendarmes qui, depuis le commencement des débats, cherchent, par leurs soins affectueux, à lui faire oublier tout ce que sa situation a de pénible. Au moment où Crevant va s'asseoir, ils lui font un coussin de leurs bonnets à poils. La tante de l'accusé qui, à la dernière audience, étouffait son chagrin dans un édredon, a remplacé ce dernier meuble par une terrine pleine d'eau dans laquelle elle plonge la tête chaque fois qu'elle veut éteindre un sanglot; malheureusement pour elle, le fracas du sanglot se trouve ainsi remplacé par un *glou-glou* si désagréable que l'auditoire agacé ne tarde pas à se plaindre.

LE PRÉSIDENT. — Madame Crevant, pourquoi n'avez-vous pas gardé votre édredon?

LA TANTE. — Ça me donnait des boutons.

LE PRÉSIDENT. — J'en suis fâché; mais comme vous troublez l'audience, il y aurait de ma part coupable indulgence à vous tolérer ici plus longtemps. (*Aux gendarmes.*) Balayez madame.

A cet ordre l'accusé pâlit; Me Polymnestor

prononce quelques mots en faveur de madame Crevant.

LE PRÉSIDENT, *d'un ton sévère*. — Assez, M° Polymnestor; trop d'insistance me ferait croire, entre vous et cette dame, à d'autres rapports que ceux qui doivent exister entre défenseur et parente de l'accusé.

À cette admonestation, M° Polymnestor baisse la tête, rougit et se tait.

LE PRÉSIDENT. — Faites avancer le témoin FANNY ESSLER.

Au nom de la fameuse danseuse, un frémissement joyeux circule; il est bientôt remplacé par un cri de surprise quand on voit s'avancer une femme dont les manières lourdes et roides n'ont rien de commun avec les grâces de son homonyme.

LE PRÉSIDENT. — Vous n'êtes donc pas la danseuse?

LE TÉMOIN. — Oh! non, non, je suis Mar-

guerite, *dite* Fanny Essler, concierge d[…]
Vaudeville.

LE PRÉSIDENT, *furieux*. — On n'abuse pa[…]
aussi indignement d'un sobriquet; je m[…]
demande ce qui m'empêche de vous fair[…]
battre de verges. (*D'un ton plus doux*.) Di[…]
tes-nous ce que vous savez des dames Pic[…]
tompin.

LE TÉMOIN. — Le 29 septembre dernier[…]
trois dames se présentèrent à ma loge, de[…]
mandant si le directeur était visible; sur m[…]
réponse affirmative, la plus âgée me glissa[…]
cent sous.

LE PRÉSIDENT. — Dans quel but?

LE TÉMOIN. — Venues pour admirer Thi-[…]
baudeau, ces dames, croyant qu'on faisait[…]
queue, espéraient, par cette offrande, pouvoir[…]
passer les premières.

LE PRÉSIDENT, *sévère*. — Vous ne devie[…]
pas prendre les cent sous; c'était tromper[…]

...s dames que de les laisser dans l'erreur que
Thibaudeau avait une foule d'admirateurs. —
Racontez-nous ce qu'elles dirent en repas-
sant devant votre loge, après la visite.

LE TÉMOIN. — La plus jeune disait à sa
mère : Non, non; il ne doit pas être vivant!
— Mais tu l'as cependant vu tripoter ses
décorations devant toi! répondait la mère. —
Alors, il est à ressorts, s'écria-t-elle.

LE PRÉSIDENT. — Que disait la fille aînée.

LE TÉMOIN. — Elle chantonnait ce qui
suit :

> En bois, en ébène, en albâtre,
> Il plaît, il charme tous les yeux,
> Il est déjà pas mal en plâtre.

Elles sortirent, et je n'entendis pas la
suite.

LE PRÉSIDENT. — Allez toucher vos quarante sous au greffe et retournez à votre
loge. (*La rappelant.*) Ah! dites-nous si

d'autres personnes étaient présentes à la sortie de ces dames?

LE TÉMOIN. — Oui, mon doux juge; il y avait dans l'escalier plusieurs vaudevillistes qui causaient, et devant lesquels ces dames durent passer.

LE PRÉSIDENT. — Savez-vous leurs noms?

LE TÉMOIN. — Oui, c'étaient MM. Siraudin, Delacour, Ad. Choler, Bourdois, Lambert Thiboust et Désarbres.

LE PRÉSIDENT, *au greffier*. — Ces témoins ont-ils été prévenus?

LE GREFFIER. — Ils attendent au greffe en jouant aux dominos.

LE PRÉSIDENT. — Présentez-leur mes civilités et priez-les de vouloir bien passer ici. (*Au témoin.*) Vous pouvez aller toucher vos quarante sous.

MM. les vaudevillistes attendus ayant témoigné le désir d'achever la partie de dominos commencée, l'audience est suspendue pendant vingt minutes. A la reprise, ils sont tous présents à la barre.

On voit approcher un resplendissant gilet dans lequel se trouve M. Nérée Désarbres, auteur de : *Un banquier comme il y en a peu, Deux femmes en gage, la Maîtresse du mari,* etc.

LE PRÉSIDENT. — N'êtes-vous pas l'auteur de ces magnifiques pages ayant pour titre : *les Fées de Bercy?* Elles vous vaudront un jour quelque statue de bronze, monsieur, et la postérité vous remercie par ma voix. (*Le témoin baisse les yeux et rougit.*) Pourquoi rougir?

DÉSARBRES. — La modestie est la feuille de vigne du talent.

LE PRÉSIDENT. — N'avez-vous pas rencontré les dames Pictompin sur l'escalier du Vaudeville?

DÉSARBRES. — Oui; je remarquai même la jeune Léonie qui me parut belle comme la vierge antique.

LE PRÉSIDENT. — Vous avez alors été surpris à la nouvelle de l'enfant trouvé dans les papiers de cette demoiselle?

DÉSARBRES. — Non; rien ne me surprend. La vertu des femmes est une dent de sagesse, qui, après les avoir fait longtemps souffrir, finit toujours par percer.

LE PRÉSIDENT. — Vous n'avez pas la morale sévère!

DÉSARBRES. — Pardonnez-moi; il est deux choses que j'estime par-dessus tout quand elles sont pures.

LE PRÉSIDENT. — Lesquelles?

DÉSARBRES. — Le vin et les mœurs.

LE PRÉSIDENT. — Vous aimez le bon vin?

DÉSARBRES. — Beaucoup.

LE PRÉSIDENT. — Mais, à boire beaucoup, on se grise.

DÉSARBRES. — Non, monsieur, on ne se grise pas en buvant beaucoup, c'est en buvant trop.

Il est remplacé par M. Adolphe Choler, auteur de : *Mme Larifla, les Marquises de la fourchette*, etc. — Ce témoin porte un lorgnon monocle sur l'œil droit.

LE PRÉSIDENT. — M. Choler, parlez-nous de Thibaudeau.

CHOLER. — Je n'ai jamais pu le sentir.

LE PRÉSIDENT. — Pourquoi ça ?

CHOLER. — Je n'ai pas d'odorat.

LE PRÉSIDENT. — Vous avez vu les dames Pictompin ?

CHOLER. — Qu'entendez-vous par là ?

LE PRÉSIDENT, *rougissant.* — Permettez-moi de ne pas vous suivre sur ce terrain.

A ce témoin succède M. Delacour, auteur

de : *Paris qui dort*, *Une charge de cavalerie*, *Les maris me font toujours rire*, etc.

LE PRÉSIDENT. — Entrait-on facilement dans le cabinet de Thibaudeau?

DELACOUR. — Comme dans du beurre.

LE PRÉSIDENT. — Pensez-vous, qu'en pénétrant chez ce directeur, les dames Pictompin n'avaient que le *seul* désir de l'admirer?

DELACOUR. — Que sais-je!!! Messaline ne coiffait-elle pas Claude avec des porte-faix!!!

Cette réponse n'est pas bien comprise des jurés qui prennent à la lettre le mot coiffer; ils s'étonnent entre eux de la force musculaire qu'il fallait à Claude pour porter une pareille coiffure.

LE PRÉSIDENT. — Revîtes-vous les dames Pictompin?

DELACOUR. — Le jour de leur décès, j'allai, avec Lambert Thiboust, leur rendre visite à l'*Hôtel des Draps blancs*. Nous trouvâmes ces dames au lit.

LE PRÉSIDENT. — Vous avez alors dû reconnaître de suite qu'elles étaient à l'article de la mort?

DELACOUR. — Non, monsieur, par la raison bien simple que je vous ai fait l'honneur de dire.

LE PRÉSIDENT. — Laquelle?

DELACOUR. — C'est qu'elles étaient déjà au lit.

LE PRÉSIDENT. — Eh bien! ne pouvaient-elles pas aussi se trouver à l'article de la mort?

DELACOUR, *gravement.* — Non, monsieur, on ne peut pas être partout à la fois.

LE PRÉSIDENT, *convaincu.*—C'est juste!!!

Delacour cède la place à Lambert Thiboust, auteur de : *les Filles de marbre, la Corde sensible,* etc.

LE PRÉSIDENT. — Après votre visite aux x
dames Pictompin, eûtes-vous le soupçon n
qu'elles périssaient empoisonnées ?

L. THIBOUST. — Oui, bourgeois.

LE PRÉSIDENT. — En fîtes-vous part à votr
confrère Delacour ?

L. THIBOUST. — Non, car il fallait en être
sûr ; et, pour une si grave accusation, *les
murs ont des oreilles.*

LE PRÉSIDENT. — Cette propriété des mu-
railles n'a jamais été bien prouvée !

L. THIBOUST. — Orphée n'a-t-il pas fait
danser des moellons aux accords de sa lyre ?

LE PRÉSIDENT, *de nouveau convaincu.* —
C'est vrai ! (*A part.*) On apprend à tout
âge ! ! !

Un nouveau vaudevilliste se présente, c'est
M. A. Bourdois, auteur de : *Maurice, Un
mari par régime, la Dame aux cobéas,* etc.

LE PRÉSIDENT. — Vous étiez dans le groupe

qui fut rencontré sur l'escalier par les dames Pictompin?

A. BOURDOIS. — Oui, mon magistrat; je remarquai surtout cette Léonie que mon confrère Désarbres vient d'appeler une vierge antique.

LE PRÉSIDENT. — Vous devez savoir que la récente découverte d'un enfant prouve que cette personne n'avait aucun droit à ce surnom.

A. BOURDOIS. — Je n'y puis croire! Pour moi, la pudeur est le corset de la vertu, elle l'empêche de tomber; et Léonie avait l'air si pudique...

LE PRÉSIDENT. — L'air ne suffit pas, il faut aussi la chanson.

A. BOURDOIS. — Ah! vous appelez ça la chanson!!!

LE PRÉSIDENT. — Trêve de plaisanteries! monsieur. — Avez-vous revu ces dames?

A. BOURDOIS. — Oui ; un soir que j'éprouvais le besoin d'une solitude complète, je
m'en allai au théâtre des Variétés. — C'est
là que je les rencontrai pour la seconde fois.
— Elles voulurent me persuader qu'elle
étaient Belges, je me refusai d'y croire.

LE PRÉSIDENT. — Pourquoi ça?

A. BOURDOIS. — Parce que, pour moi, tout
Belge doit être un homme contrefait.

LE PRÉSIDENT, *redressant sa haute taille.*
— Monsieur, je suis Belge, et vous insultez
ma patrie !

A. BOURDOIS. — Que voulez-vous? C'est
un préjugé.

LE PRÉSIDENT, *furieux.* — Préjugé aussi
erroné que celui que la terre tourne, cette
excuse perpétuelle des gens soûls. — Allez
vous asseoir.

On appelle le témoin Paul Siraudin, auteur de : *Un mari qui ronfle, le Bourreau des*

crânes, le Courrier de Lyon, etc., etc. — A l'appel de son nom, on voit s'approcher un monsieur, porteur de favoris tellement longs et touffus, qu'il les ramène sur le haut de la tête pour dissimuler une précoce calvitie. — Il a l'œil très-vif et qui appelle le baiser.

LE PRÉSIDENT. — Connaissez-vous les Pictompin ?

SIRAUDIN. — Je leur fis de nombreuses visites à l'*Hôtel des Draps blancs.*

LE PRÉSIDENT. — Avez-vous cru à l'air réservé de la demoiselle Léonie ?

SIRAUDIN. — Nullement. Les femmes qui ont tant l'air de se méfier des hommes en général, ne s'en méfient pas du tout en particulier; Léonie était de ce nombre; et, je l'avoue sans vergogne, elle m'a presque fait des propositions.

LE PRÉSIDENT. — Expliquez-vous.

SIRAUDIN. — Un jour, à-propos du mérite littéraire de Privat d'Anglemont, j'eus une dispute assez vive avec la mère Pictompin, qui, furieuse d'être contredite, finit par s'écrier : *Ah! quel mauvais coucheur vous faites!!!* — A ces mots, je vis Léonie sourire en me regardant, puis elle murmura : *Faudrait voir! Faudrait voir!* — J'eus l'air de n'avoir pas compris.

LE PRÉSIDENT, *avec sévérité.* — Vous calomniez la défunte !

SIRAUDIN. — Du haut du ciel, Léonie doit m'entendre et savoir si je mens.

LE PRÉSIDENT. — Quelle raison peut vous autoriser à croire qu'elle habite la céleste demeure?

SIRAUDIN. — N'a-t-elle pas vécu en sainte ici-bas?

LE PRÉSIDENT, *avec reproche.* — Ah! monsieur, ce calembour annonce en vous une bien coupable indulgence pour l'inconduite des autres.

SIRAUDIN, *d'un ton dégagé*. — Bah! on n'est heureux que par ses vices!

LE PRÉSIDENT, *indigné*. — Sortez! monsieur, sortez à l'instant, car vous oubliez qu'il y a ici des enfants qui vous écoutent.

Le témoin se retire au milieu des murmures qu'excite son cynisme.

L'audience est suspendue pendant vingt minutes.

A la reprise, un monsieur s'approche de la barre.

LE PRÉSIDENT. — Vos nom et prénoms?

LE MONSIEUR. — Oscar Asseline, *dit* Planchet, rédacteur du *Mousquetaire*.

LE PRÉSIDENT, *étonné*. — Vous n'êtes pas sur la liste des témoins, et je ne puis croire que ce soit l'appât des quarante sous qui...

LE MONSIEUR. — Parfandiou ! non.

LE PRÉSIDENT, *en homme du monde.* — Alors, que désire monsieur ?

ASSELINE. — A la levée des scellés au domicile des dames Pictompin, un enfant a dû être trouvé dans le trousseau de la plus jeune.

LE PRÉSIDENT. — Oui, monsieur, mais j'ai accordé cet enfant à une dame qui voulait compléter la paire.

ASSELINE, *d'une voix forte.* — Cet enfant est à moi !

La salle retentit de bravos, le président paraît embarrassé.

ASSELINE. — Monsieur le président, je vous somme d'avoir à me remettre mon fils sous peine de dommages et intérêts, pour voir disposé d'un enfant qui n'était pas à ous.

LE GREFFIER. — L'enfant n'a pas enccore été enlevé, il est toujours déposé au greffe.

LE PRÉSIDENT, *vivement*. — Enveloppez-le dans un journal et remettez-le à monsieur.

Cet incident termine la séance.

SIXIÈME AUDIENCE

SIXIÈME AUDIENCE

La foule qui se presse aux abords du tribunal est devenue si compacte que, après
une pluie de quarante-huit heures, l'eau du
ciel n'ayant pu s'infiltrer dans les masses,
les assistants se trouvent recouverts d'une
nappe d'eau de dix-huit pouces.

L'audience est ouverte à 11 heures.

On amène l'accusé ; aussitôt qu'il a pris
place, il ôte son habit, retrousse sa manche de chemise et présente son bras nu au
gendarme de droite, qui, sur cette chair

rosée, se prépare à exécuter un tatouage. —
Au banc des témoins, on remarque la place
laissée vide par un témoin, qui, dans les audiences précédentes, a joué un rôle fort important [1].

Mᵉ POLYMNESTOR. — La tante de l'accusé
demande qu'il lui soit de nouveau permis
d'assister aux débats.

LE PRÉSIDENT. — Encore une fois, j'y consens.

La tante est introduite; mais, à la vue du
travail que le gendarme exécute sur le bras
nu de son neveu, elle pousse un si fort sanglot que les plâtres du plafond se détachent
et tombent avec fracas.

LE PRÉSIDENT, *avec douleur.*—Audienciers,
desservez madame.

1. A la date de cette audience, Thibaudeau, ayant
quitté la direction du Vaudeville pour rentrer dans la
vie privée, dût cesser de figurer dans ce procès.

(Note de l'éditeur.)

La tante est immédiatement supprimée.

M⁰ POLYMNESTOR. — Je crois devoir protes-
ter contre la rigueur déployée par M. le président à l'égard de madame Crevant.

LE PRÉSIDENT, *d'un ton sec.* — M⁰ Polymnestor, je vous engage à mieux cacher votre
vif désir de devenir l'oncle de l'accusé.

On appelle le témoin Machalon.

LE GREFFIER. — Cette citation nous est re-
venue. Machalon, domestique de M. Théo-
phile Gautier, s'est enfui de chez son maître
après lui avoir volé son *fez* turc.

LE PRÉSIDENT. — Mettez la gendarmerie à
ses trousses; avez-vous son signalement?

LE GREFFIER. — Voici celui que M. Théo-
phile Gautier a bien voulu nous rédiger
dans son style clair et limpide : Jean Machalon, vingt-sept ans, heptomagène de sa
famille, — spithaméen gibbeux et très-adi-
peux, — nez hématoïde par acrasie, couvert

6

d'acrochordons et portant à la glabelle une taroupe isabelle. — visage vulpin et trucu-lent.

LE PRÉSIDENT, *au greffier*. — Très-bien! prenez un dictionnaire, traduisez ce signale-ment en français moins riche, et expédiez-le à toutes les brigades.

A ce moment, le gendarme a terminé le tatouage du bras de l'accusé.

LE PRÉSIDENT. — Accusé Crevant, voulez-vous enfin parler?

A cette question, Crevant se lève sans dire une parole; étend le bras droit, et indiquant de la main gauche le tatouage qui vient d'être tracé, il montre au tribunal cette de-vise gravée en caractères ineffaçables : *J'a-dore ma tante.*

LE PRÉSIDENT. — Voyons! accusé, n'ag-gravez pas votre position; aux précédentes audiences vous répétiez toujours la même

phrase, mais au moins vous parliez; ne re-
noncez pas ainsi à la parole, et répondez :
oui ou non, êtes-vous coupable?

Du même geste calme, l'accusé montre
son tatouage.

LE PRÉSIDENT. — Si vous voulez parler, je
vous rends votre tante.

Crevant étend de nouveau le bras.

LE PRÉSIDENT, *avec peine*. — Alors asseyez-vous; je déplore votre malheureux en-
têtement à remplacer par cette pantomime la
phrase monotome que vous répétiez.

On appelle le témoin Gil Pérès.

A ce nom, un frémissement joyeux par-
court l'auditoire. La déposition de ce témoin
va enfin soulever le voile mystérieux qui
s'étend sur cette affaire. — A l'appel de ce
nom, on voit paraître une délicieuse petite
créature, fraîche et rose, toute mignonne,
œil langoureux et chevelure d'ébène.—L'as-

pect de cette délirante création excite l'en-
thousiasme des dames, qui s'en emparent;
elle est choyée, bichonnée, caressée et pas-
sée de mains en mains jusqu'à madame la
présidente, qui obtient de son mari qu'elle
gardera ce témoin sur ses genoux pendant
l'interrogatoire.

LE PRÉSIDENT. — Vos nom, prénoms et
qualités?

LE TÉMOIN. — Stanislas-Maur-Pacôme
de Gil Pérès, dix-sept ans, artiste dramatique.

LE PRÉSIDENT. — Le lieu de votre naissance?

GIL PÉRÈS. — Paphos.

LE PRÉSIDENT. — Vous connaissez l'accusé.

GIL PÉRÈS. — Non, mon président.

Un cri de surprise sort de toutes les poi-
trines.

LE PRÉSIDENT. — L'instruction vous signale comme confident de l'accusé.

GIL PÉRÈS. — Ce n'est pas vrai.

MADAME LA PRÉSIDENTE. — Dis la vérité, mon chéri, tu auras du lolo.

LE PRÉSIDENT. — Vous persistez à nier.

GIL PÉRÈS. — Monsieur.

LE PRÉSIDENT. — Audienciers, rappelez le témoin Antoine Calin, propriétaire de l'*Hôtel des Draps blancs*.

Ce dernier arrive aussitôt.

LE PRÉSIDENT. — Reconnaissez-vous la personne assise sur les genoux de ma femme pour être la même qui accompagna l'accusé dans sa visite aux dames Pictompin, vos locataires.

ANTOINE CALIN. — Oui, ces messieurs venaient les chercher pour dîner; cette visite eut lieu le lendemain du soir où Crevant tapota mon fricandeau.

LE PRÉSIDENT. — La personne ici présente
est bien celle que vous déclarez dans l'instruction avoir reconnue pour être l'artiste
Gil Pérès?

ANTOINE CALIN. — Sur mon honneur, oui.
— Oh! je le connais très-bien; et même la
première fois que je l'ai vu *jouer*, il m'a
paru beaucoup moins fort qu'on me l'avait dit.

LE PRÉSIDENT. — Ah! vous l'avez vu
jouer? Est-ce au Vaudeville?

ANTOINE CALIN. — Non, monsieur.

LE PRÉSIDENT. — Au Palais-Royal?

ANTOINE CALIN. — Non, monsieur... au
billard.

LE PRÉSIDENT. — C'est bien, allez vous
asseoir. (*Au témoin.*) Gil Pérès, soutenez-
vous toujours ne pas connaître l'accusé?

GIL PÉRÈS. — Oui, oui, oui.

MADAME LA PRÉSIDENTE. — Avoue, petit
chat.

LE PRÉSIDENT, *à sa femme.* — Agathe, je t'en prie, laisse-le parler. (*Au témoin, d'un ton sévère.*) Songez que vous vous exposez à passer pour complice.

GIL PÉRÈS. — Je persiste.

LE PRÉSIDENT, *avec douleur.* — Alors vous m'obligez à vous mettre en accusation. (*Aux gendarmes.*) Saisissez le témoin.

A cet ordre barbare, madame la présidente se redresse, et, cachant le témoin sous son châle, elle s'écrie comme un nouveau Léonidas : VENEZ LE PRENDRE.

Les gendarmes hésistent.

LE PRÉSIDENT, *impassible.* — Pénétrez sous le châle.

LE BRIGADIER. — Monsieur le président, nous ne pouvons agir sans l'assistance d'un commissaire de police.

LE PRÉSIDENT. — Qu'on aille le quérir.

L'audience est un moment suspendue.

MADAME LA PRÉSIDENTE, *à son mari, d'un ton de reproche.* — Ulysse, Ulysse, le devoir vous rend implacable.

LE PRÉSIDENT, *avec fermeté.* — Brutus a fait fusiller ses fils, madame !

Le commissaire arrive ; il ceint son écharpe, se met à la tête de la brigade et se dirige vers le châle.

MADAME LA PRÉSIDENTE. — Contre la force il n'est pas de résistance ; je vous livre votre victime.

Belle et résignée, elle passe Gil Pérès aux gendarmes qui le conduisent au banc des accusés.

LE PRÉSIDENT. — L'audience va être suspendue. Gendarmes, veillez à ce que, pendant cette suspension, les accusés ne communiquent pas entre eux.

Pour mieux remplir cet ordre, le brigadier assis près de Gil Pérès ôte son bonnet à poil, y fourre cet artiste et le remet sur sa tête.

L'audience est reprise à deux heures. — Pendant quelques minutes la plus vive agitation règne encore dans l'auditoire; mais, sur la menace du président de faire évacuer la salle, le silence se rétablit.

LE PRÉSIDENT. — Brigadier, délivrez le nouvel accusé, Gil Pérès.

Le brigadier ôte son bonnet à poil; mais, au moment où il place Gil Pérès sur le banc des accusés, un immense cri d'horreur général se fait entendre. — Ce brave militaire, qui tout à l'heure était chevelu comme Absalon, est maintenant entièrement chauve. — Cette métamorphose est due à Gil Pérès, qui, furieux de cette prison d'un nouveau genre, a arraché sans pitié le gazon de son cachot. Cette horrible torture a duré vingt minutes sans que le visage impassible du brave brigadier, chauve par sa consigne, aitit rien pu faire deviner à l'œil du public.

Mademoiselle Déjazet, notre inimitable artiste, qui se trouve toujours là où il faut accomplir une bonne action, fait immédiatement passer son cachemire au brigadier, qui en improvise un turban sous lequel sa martiale figure paraît encore plus expressive. — Sans son uniforme, on serait tenté de lui acheter des dattes.

Mademoiselle Déjazet se retire après avoir causé quelques instants avec un journaliste qui prend aussitôt des notes.

LE PRÉSIDENT. — Messieurs du jury, il est de notre devoir de poursuivre par tous les moyens la découverte de la vérité; souvent les dépositions les moins importantes en apparence ont amené ce résultat, c'est donc dans ce but que j'ai fait assigner les diverses COMBINAISONS pour la direction du Vaudèville ; puissent-elles nous éclairer. (*Aux huissiers.*) Faites entrer la *première combinaison.*

On introduit la première combinaison, représentée par un vieux ci-devant jeune homme, peint, repeint, sanglé et portant une perruque à l'enfant.

LE PRÉSIDENT. — Quelle serait votre raison sociale ?

LA PREMIÈRE COMBINAISON. — DAVID, URI et BETHSABÉE : le contrôle serait tenu par Bethsabée, et Uri mettrait en scène.

LE PRÉSIDENT. — Allez vite vous asseoir. Passons à la *deuxième combinaison.*

Entrée d'un monsieur portant un énorme manuscrit.

LE PRÉSIDENT. — Quelles sont vos intentions en prenant le Vaudeville ?

LE MONSIEUR. — Faire jouer ma pièce des *Routiers.*

LE PRÉSIDENT. — Fort bien ; mais après ?

LE MONSIEUR, *étonné*. — Après ? ? ?

LE PRÉSIDENT. — Oui, après ? Vous ne comptez pas faire jouer cette pièce pendant plusieurs années ? Au bout de 300 représentations consécutives de cet ouvrage, le public désirera sans doute un changement.

LE MONSIEUR, *d'un ton inquiet*. — En êtes-vous sûr ?

LE PRÉSIDENT. — Du moins, je le suppose.

LE MONSIEUR, *réfléchissant, à haute voix*. — 300 représentations à 4,000 fr. l'une dans l'autre ; total : 1,200,000 fr. — Bénéfice net, après déduction des frais, 500,000 fr..., à peu près 25,000 fr. de rentes. (*Au président, d'un ton joyeux*.) Ma foi, monsieur le président, je crois que je céderai la direction après ma pièce.

LE PRÉSIDENT. — Alors je vous la souhaite

bonne et heureuse. (*A l'huissier.*) Introduisez la *troisième combinaison.*

Entrée d'un monsieur excessivement majestueux.

LE PRÉSIDENT. — Sur quels titres vous appuyez-vous ?

LE MONSIEUR MAJESTUEUX. — Qu'on me fasse subir un examen, et l'on décidera.

LE PRÉSIDENT. — Nous allons d'abord recevoir votre serment; levez la main.

LE MONSIEUR MAJESTUEUX. — Laquelle ? côté *cour* ou côté *jardin ?*

Le tribunal échange des regards étonnés.

LE PRÉSIDENT. — Je ne vous comprends pas.

LE MONSIEUR MAJESTUEUX. — Alors, avant de m'interroger, vous auriez dû subir vous-même un examen.

LE PRÉSIDENT. — Mais, fils de Thésée, vous faites donc consister toute l'habileté directoriale dans la connaissance plus ou moins complète de termes techniques?

LE MONSIEUR MAJESTUEUX. — C'est aussi l'avis de mon associé.

LE PRÉSIDENT. — Ah! vous abaissez bien bas *l'art.*

Après avoir nommé un juge d'instruction pour entendre les dépositions des trois autres *combinaisons,* le président, satisfait de son calembour, lève la séance. — Les deux accusés sont reconduits en prison.

SEPTIÈME AUDIENCE

SEPTIÈME AUDIENCE

La plus vive agitation n'a cessé de régne.
dans la ville depuis la dernière audience. —
La mise en accusation de Gil Pérès a sou-
levé l'indignation des dames du Limbourg,
qui, mardi dernier, madame la présidente
en tête, ont parcouru par bandes le pays en
appelant les populations aux armes. Vingt-
sept tentatives d'évasion ont été déjà inuti-
lement tentées par ces dames en faveur de
l'être tout gracieux qu'elles ont surnommé
la Vénus faite homme.

4

Après l'arrestation des principales perturbatrices qui ont été immédiatement rasées et jetées dans un cloître, on espérait voir renaître le calme, quand, jeudi soir, les insurgées, s'étant de nouveau réunies dans la rue Marc-Leprovost, se sont portées en foule sur la citadelle, dont elles se sont emparées par surprise. — Les troupes, accourues en toute hâte, ont immédiatement commencé les opérations d'un siége poursuivi avec vigueur, malgré trois sorties des rebelles fanatisées par un hymne guerrier sur l'air des *Cosaques,* et dont les paroles sont attribuées à mademoiselle Paméla Scriwaneck. — Nous donnons le premier couplet de cette nouvelle *Marseillaise belge;* sublimes images, richesses poétiques, pensées profondes, tout semble accumulé dans ce couplet... On jugera du reste.

Enfant, mari, cousin, oncle et portière,
Lâchons tout ça pour sauver l'innocent,
Qu'en un cachot, depuis l'autre avant hière,
De durs bourreaux ont plongé méchamment.
C'est donc du roc qu'ils ont au lieu d'entrailles,
Les êtres vils qui lui font du chagrin ???
Mais c'est en vain que de tout ils se rail*lent,*
L'altier remords les atteindra demain ! ! ! } *bis.*

Aujourd'hui, à l'aurore, les insurgées ayant repoussé l'offre d'une capitulation honorable, l'attaque a recommencé.

L'audience est ouverte à onze heures, au bruit du canon et de la fusillade.

On introduit les deux accusés. — Pour empêcher les quelques dames étrangères à l'insurrection de tripoter l'accusé Gil Pérès, le président l'a fait recouvrir d'un talma en fer, hérissé de pointes d'acier.

LE PRÉSIDENT. — Crevant, voulez-vous enfin parler ?

Après s'être levé, Crevant, pour toute ré-

ponse, se prépare à ôter son habit pour montrer son tatouage.

LE PRÉSIDENT, *vivement*. — Oui, oui,
connu ! Vous allez me montrer votre devise :
J'ADORE MA TANTE. (*Avec peine.*) Ah! Crevant, Crevant, votre mutisme vous fera du
tort !...

L'ACCUSÉ GIL PÉRÈS. — Mon président,
j'aurais besoin d'aller voir mon tableau au
théâtre.

LE PRÉSIDENT. — Assez, malheureux!
vous paraissez ne pas vous douter de l'épouvantable catastrophe que votre trop sédui-
sante personne a causée dans ma belle
patrie.

L'ACCUSÉ GIL PÉRÈS. — Est-ce ma faute à
moi? Sur l'honneur, je voudrais être laid.

Mᵉ POLYMNESTOR. — Monsieur le président,
la tante de Crevant sollicite toujours de votre
bonté la faveur d'assister aux débats.

LE PRÉSIDENT, *sèchement*. — Défenseur, je vous engage encore à mieux dissimuler vos vues conjugales.

Mᵉ POLYMNESTOR. — Je ne comprends pas et ne veux pas comprendre. (*A part.*) Cet homme a la malice du singe.

LE PRÉSIDENT, *au jury*. — Le mystère qui entoure la triste fin des dames Pictompin n'a encore pu être éclairci; nous devons donc, par tous les moyens en notre pouvoir, chercher à soulever ce voile; aussi, malgré l'insuccès de l'interrogatoire des *combinaisons* du Vaudeville, j'ai fait assigner celles qui demandent le théâtre des Variétés. (*A l'huissier.*) Appelez la première combinaison.

On voit arriver au banc des témoins un vieux monsieur; avant de s'asseoir, par un sentiment d'avarice incroyable, il retire son pantalon pour ne pas l'user au frottement de la banquette.

LE PRÉSIDENT. — Votre nom, âge et profession ?

LE TÉMOIN. — Le père Joseph, cent deux ans, grippe-sou.

LE PRÉSIDENT. — Vous connaissiez les dames Pictompin ?

LE TÉMOIN. — Moi pas connaître autres personnes que Abufar, Ali, Mahomet et Giaffar... moi, aimer et protéger eux.

LE PRÉSIDENT. — Dans quel but ?

LE TÉMOIN. — Pour petite combinaison à théâtre des Variétés.

LE PRÉSIDENT. — Mais c'est une combinaison arabe ?

LE TÉMOIN. — Moi vouloir réunir dans petit théâtre tous les Maures errants depuis que Ferdinand et Isabelle avoir chassé eux de Grenade.

LE PRÉSIDENT. — Que ferez-vous pour l'art ?

LE TÉMOIN. — Gros beurre en coupant liard.

LE PRÉSIDENT. — Retirez-vous.

LE TÉMOIN. — Moi, aller toucher quarante sous pour déposition...

Le témoin remet son pantalon et se retire [1].

A ce moment le fracas de la fusillade sem-

[1]. On cite sur ce personnage l'anecdote suivante : Un employé lui présentant un état des frais journaliers du théâtre des Variétés, le père Joseph trouva une somme de *cinquante centimes* portée en compte pour nourriture des chats :

— Pourquoi chats? demanda-t-il dans son langage de Vendredi.

— Pour les souris, répondit modestement l'employé.

— Alors si chats manger souris, eux pas besoin de cinquante centimes pour nourriture. Si eux pas manger souris, pas besoin chats.

Et la pension des chats fut supprimée.

Nous ne citons ce fait que pour prouver quelle écrasante logique de raisonnement peut donner l'esprit d'économie.

(Note de l'auteur.)

ble se rapprocher. — Le bruit se répand b
que l'insurrection victorieuse a repoussé les a
troupes et se porte sur le palais de justice.

LE PRÉSIDENT. — Je lève la séance. Gendarmes, reconduisez Gil Pérès à son cachot,
et si l'émeute parvient jusqu'à cet accusé,
ne lui livrez qu'un cadavre. — Allllez !

Après cet ordre terrible, que Gil Pérès
semble avoir entendu avec un véritable dé-
plaisir, la foule s'écoule silencieuse.

HUITIÈME AUDIENCE

HUITIÈME AUDIENCE

L'insurrection, un moment victorieuse, a
été refoulée dans la partie basse de la ville,
où elle se fortifie. — Mardi, deux régiments
de hussards ont passé du côté de ces dames
avec armes et bagages; cette désertion en
fait malheureusement craindre d'autres. Les
insurgées, dit-on, se préparent à venir enlever en plein tribunal l'accusé Gil Pérès,
qu'elles persistent à appeler *la Vénus faite
homme.*

Les abords du palais sont militairement
occupés par la troupe restée fidèle; toutes
les rues adjacentes, sur l'ordre de l'autorité,
ont été fermées par un lit dans lequel on a
placé une personne attaquée de la petite vérole, seul moyen de faire reculer ces dames.
— Des pompes à incendie, pleines d'acide
sulfurique, sont disposées près du traversin,
pour combattre celles qui, vaccinées ou déjà
marquées, oseraient braver la contagion en
franchissant le malade.

A onze heures, la Cour entre en séance.

Tous les membres du tribunal ont le visage
pâle et souffrant; privés de leurs cuisinières
qui sont passées aux rebelles, ces messieurs
ont été obligés de vivre de charcuterie, régime malsain qui a déjà emporté deux jurés.

— Personne n'ayant osé les remplacer, le
président, en vertu de son pouvoir discrétionnaire, a nommé deux robustes commission-

naires, alléchés par un bon pourboire : malheureusement ils sont sourds ! ! !

On introduit les accusés. Gil Pérès a toujours son talma en fer hérissé de pointes; quant à Crevant, pour s'éviter la peine d'ôter son habit à chaque question du président, il a fait découper en carré la portion du drap de la manche qui se trouvait au-dessus du tatouage, que l'on aperçoit maintenant par cette fenêtre improvisée.

Mᵉ POLYMNESTOR. — Monsieur le président veuillez, de grâce, permettre à la tante de Crevant d'assister aux débats.

LE PRÉSIDENT. — Mᵉ Polymnestor, votre cynisme me fait rougir pour le barreau de Soissons.

Mᵉ POLYMNESTOR, *avec force.* — Eh bien, oui, je l'aime.

LE PRÉSIDENT. — Ah ! vous levez enfin le masque !

Mᵉ POLYMNESTOR. — Elle est ma vie! mon âme! — Donnez-moi l'Hellespont, et, nouveau Léandre, je le franchis à la nage.

LE PRÉSIDENT. — Puisque votre passion est si grande, elle résistera sans doute à une révélation : madame Crevant n'a d'autre fortune que les quarante sous que son neveu lui donnait chaque matin pour boire de l'absinthe.

A ces mots, Mᵉ Polymnestor pousse un cri et s'évanouit en disant : — Ah! mon bottier va se lasser d'attendre!

On ne lui prodigue aucuns soins.

Ce colloque n'a pas été compris par les deux commissionnaires sourds, assis au banc du jury.

1ᵉʳ JURÉ SOURD. — Qu'est-ce qu'ils disent?

2ᵉ JURÉ SOURD. — Midi moins un quart.

UN HUISSIER. — Monsieur le président, il

y a, à la porte, deux personnes qui désirent entrer.

LE PRÉSIDENT. — Introduisez.

On voit apparaître un monsieur et son chien, tous deux grands et maigres; l'un a les cheveux longs, l'autre le poil ras.

LE PRÉSIDENT, *gracieux*. — A qui ai-je l'honneur de parler?

LE MONSIEUR. — Van Nadar, artiste.

LE PRÉSIDENT. — Que faut-il vous servir?

NADAR. — Je suis envoyé par l'*Illustration* pour faire le portrait des accusés.

LE PRÉSIDENT. — Êtes-vous l'auteur du *Panthéon* qui porte votre nom?

NADAR. — Oui, mon président.

LE PRÉSIDENT. — Belle œuvre, monsieur, dont je vous félicite.

Nadar baisse modestement les yeux.

1er JURÉ SOURD. — Qu'est-ce qu'ils disent?

2e JURÉ SOURD. — Midi et demi.

En cet instant, l'audience est troublée pa q
les aboiements du chien, en arrêt devant Gi
Pérès, qu'il prend pour un porc-épic, à caus u
de son Talma hérissé de pointes. A la voi o
de son maître, l'animal se tait.

LE PRÉSIDENT. — Monsieur Nadar, vou o
pouvez commencer vos bonshommes.

NADAR, *froissé.* — Mes bonshommes
Qu'entendez-vous par-là?

LE PRÉSIDENT. — C'était une plaisanterie r
— Huissier, donnez un tabouret à monsieur.

NADAR, *d'un ton sec.* — Un tabouret! veut-
on m'humilier?

LE PRÉSIDENT. — Je croyais ce siége plus
commode pour vous. — Huissiez, offrez un
fauteuil Voltaire.

NADAR, *indigné.* — Suis-je donc une faible
femme?

LE PRÉSIDENT. — Alors, apportez un banc

NADAR, *furieux*. — Un banc! mais c'est bon pour les huîtres comme vous.

LE PRÉSIDENT, *avec force*. — Vous m'insultez, monsieur.

NADAR. — Vous m'en avez donné l'exemple avec vos lardons.

LE PRÉSIDENT. — Ce n'est pas vrai! Je cherche au contraire à vous accabler de prévenances, et vous vous prétendez piqué de mes lardons.

NADAR, *hors de lui-même*. — Piqué de vos lardons!!! c'est me dire en face que je suis un fricandeau!

LE PRÉSIDENT, *perdant patience*. Ah! ma foi! monsieur! j'y renonce. On ne sait comment vous prendre, vous me rappelez SILISTRIE!

Un cri perçant se fait entendre : c'est le chien de Nadar qui, en furetant, à découvert Me Polymnestor toujours évanoui et étendu à terre. La nature ayant ses exigences chez les animaux comme chez les hommes, une abondante aspersion est venue tirer le défenseur de sa léthargie. Le calme se rétablit, et Nadar consent enfin à s'asseoir près d'un gendarme, à la jambe duquel il attache la laisse de son chien; puis il se met en devoir de commencer son travail.

LE PRÉSIDENT, *aimable*. — Monsieur Nadar, les accusés sont-ils placés suivant vos désirs?

NADAR. — Je voudrais un peu plus de poésie dans le groupe.

LE PRÉSIDENT. — Compris. (*A Gil Pérès.*) Accusé, posez votre bras autour du cou de Crevant et mettez votre main gauche sur son cœur; vous, Crevant, passez votre main droite dans les cheveux de votre complice. (*A Nadar.*) Cette pose vous convient-elle?

NADAR, *d'un ton flatteur*. — Vous êtes né peintre ?

LE PRÉSIDENT. — Très-peu, mais mon père était teinturier.

NADAR. — Le greffier m'empêche de bien voir, faites le changer de place.

LE PRÉSIDENT. — Tenez, greffier, voici sept sous ; allez prendre une demi-tasse au café.

Nadar, satisfait, commence son esquisse.

Un nouveau témoin se présente à la barre.

LE PRÉSIDENT. — Vos noms et qualités?

LE TÉMOIN. — Louis Bondebeuf, chimiste expert.

LE PRÉSIDENT. — Parlez.

BONDEBEUF. — Chargé d'analyser les entrailles des victimes, j'ai, pour connaître la nature du poison, épuisé toutes les combinaisons chimiques...

LE PRÉSIDENT, *vivement*. — Ah ! à propos

de combinaisons, je me rappelle que nous ai...
avons oublié d'interroger la seconde qui demande les Variétés. — Monsieur Bondebeuf,
allez vous asseoir; vous déposerez plus tard.

On introduit ladite combinaison, représentée par deux messieurs.

LE PRÉSIDENT. — Quelle serait votre raison sociale?

UN MONSIEUR. — Vermout et Hilare.

Pendant ce qui précède, l'artiste Nadar a
allumé sa pipe.

LE PRÉSIDENT, *gracieux*. — Monsieur Nadar, nous avons ici des dames; vous serait-il
égal de cesser de fumer?

NADAR, *se dressant*. — Est-ce encore une
querelle que vous me cherchez?

LE PRÉSIDENT. — Mais non! mais non! je
vous demande une simple complaisance.

NADAR. — Il y avait de l'ironie dans votre
demande.

LE PRÉSIDENT. — Alors elle était involontaire! mettons que je n'ai rien dit. (*A part.*) Cet homme me fascine!!!...

Malheureusement, les deux jurés sourds n'ont rien compris; en voyant Nadar fumer, ces braves commissionnaires ont tiré leurs pipes et les allument; — un léger nuage se forme bientôt dans la salle.

LE PRÉSIDENT, *aux témoins.* — Comment comptez-vous arriver à la direction du théâtre?

VERMOUT. — En achetant l'immeuble.

LE PRÉSIDENT. — Avez-vous les fonds nécessaires?

HILARE. — Nous les réunirons à l'aide de nos *brevets.*

LE PRÉSIDENT. — Expliquez-nous ça?

HILARE. — Le brevet sera un certificat de capacité dont le prix variera suivant l'importance de l'emploi auquel il donnera droit.

LE PRÉSIDENT. — Donnez-nous un aperçu du prix des différents brevets.

VERMOUT. — 3,000 fr. pour l'emploi de soubrette, 6,000 fr. pour celui de jeune premier, 70,000 fr. pour celui de souffleur.

LE PRÉSIDENT, *stupéfait.* — Comment ! le souffleur payera plus cher que le jeune premier ?

VERMOUT. — Sans doute, car il a tous les emplois.

LE PRÉSIDENT. — Énumérez vos autres ressources.

HILARE. — Nous avons aussi le cautionnement de deux cent mille francs que versera entre nos mains la personne préposée à la location.

LE PRÉSIDENT. — Pourquoi ce cautionnement ?

VERMOUT. — Elle devra assurer à l'administration 800 fr. de location journalière ; en cas d'inexécution, la différence sera prise sur le cautionnement.

LE PRÉSIDENT. — Toutes vos autres ressources sont-elles de la même farine?

VERMOUT. — Oui, mon président.

LE PRÉSIDENT, *d'un ton grave.*—Messieurs, la guerre d'Orient se ferait encore aujourd'hui à l'arbalète, si l'on vous avait attendus pour inventer la poudre.

La fumée de tabac a formé dans la salle d'audience un nuage si épais qu'il est impossible de se voir à deux pas. Le président ordonne d'ouvrir les fenêtres; mais, quand la fumée s'est dissipée, un hurlement de surprise se fait entendre : — l'accusé Gil Pérès n'est plus à sa place ! ! ! Profitant de la densité du nuage, il a disparu, suivi de son sauveur Nadar. — Chacun reste atterré en présence de cette évasion aussi bien combinée que réussie.

Quant aux deux commissionnaires, sourds
et jurés, qui ont aussi fumé leurs pipes, le
président les fait immédiatement arrêter
comme coupables d'avoir favorisé l'évasion.

Gil Pérès, assure-t-on, est allé se mettre
à la tête des belles insurgées, toujours suivi
de Nadar, le dernier des Fronsac.

NEUVIÈME AUDIENCE

NEUVIÈME AUDIENCE

Pour empêcher l'insurrection d'arriver aux
portes du tribunal, nous avons, dans notre
dernier numéro, fait part à nos lecteurs de
l'idée venue aux autorités limbourgeoises de
placer, à l'entrée de chaque rue conduisant
au palais, un lit occupé par une personne
malade de la petite vérole. Les belles révol-
tées n'ayant osé approcher de plus de mille
mètres, tout semblait devoir préserver leur
beauté de la terrible épidémie, quand, dimanche dernier, un épouvantable malheur

est venu les frapper en ce qu'elles avaient
de plus cher.

Gil Pérès, dans son évasion, ayant dû,
pour gagner le camp des rebelles, franchir
un de ces malades, a été atteint par le fléau
et n'est arrivé chez ses fidèles que pour se
mettre au lit. — Malgré les mille précautions
prises par le dévoué Nadar pour cacher la
nature du mal qui abattait le généralissime,
la fatale vérité n'ayant pas tardé à transpirer,
de nombreuses désertions ont immédiatement
eu lieu parmi ces dames : les unes par la
crainte de l'épidémie, les autres désillusion-
nées par la pensée que Gil Pérès allait être
marqué et perdrait ainsi cette beauté qui
allumait leur fanatisme.

Hier, une députation étant venue demander à grands cris qu'on lui montrât le visage
du malade, Nadar, après avoir eu soin de
reboucher avec du ciment romain, les trous

nombreux qui couvraient la figure de son ami, dut obéir à cette exigence; la députation s'est retirée effrayée des ravages exercés par le mal sur ce visage naguère si gracieux.

Aujourd'hui le parti insurrectionnel ne se compose plus que de trois cents femmes, assises au chevet de Gil Pérès et poussant des sanglots qui arrivent jusqu'au tribunal. Tout porte à croire que demain ce chef de parti n'aura plus à ses côtés que son fidèle Nadar.

— Ainsi sera tombée d'elle-même une insurrection qui, pendant deux semaines, a fait trembler tout le Limbourg.

A dix heures, l'audience est ouverte.

LE PRÉSIDENT. — Crevant, jusqu'à ce jour, le tribunal a montré pour votre mutisme une indulgence vraiment rare; voulez-vous enfin parler?

Crevant se contente de montrer son tatouage, qui apparaît par l'ouverture faite à son habit.

LE PRÉSIDENT, *agacé.* — Très-bien ! très-bien ! Après une telle opiniâtreté, il ne faudra pas vous étonner si, un de ces matins, on vient vous demander votre tête.

Mᵉ POLYMNESTOR. — Monsieur le président, depuis le commencement des débats, vous avez été un tigre pour madame Crevant ; serez-vous encore implacable, et lui refuserez-vous la grâce d'assister à l'audience ?

LE PRÉSIDENT. — J'avais cru qu'en vous révélant la situation financière de cette dame, vous renonceriez à vos projets.

Mᵉ POLYMNESTOR. — Vous m'avez trompé ; elle a 800 fr. à la caisse d'épargne.

LE PRÉSIDENT. — On vous a abusé !

Mᵉ POLYMNESTOR. — J'ai vu le livret.

LE PRÉSIDENT. — On vous a montré celui de la cuisinière.

Mᵉ POLYMNESTOR. — Non pas.

LE PRÉSIDENT. — Alors, tant mieux pour vous; mais comme je ne veux encourager en rien vos cupides amours, cette dame n'entrera pas ici.

Mᵉ POLYMNESTOR, *d'une voix ferme.*—J'en appelle à la postérité.

L'opiniâtre volonté du président excite un léger murmure dans la salle. — Le calme se rétablit en voyant approcher M. Bondebeuf, chimiste expert, dont la précédente déposition a été interrompue au moment où il allait faire connaître la nature du poison dont s'est servi l'accusé.

LE PRÉSIDENT. — Monsieur Bondebeuf, faites-nous part du résultat donné par l'analyse chimique.

BONDEBEUF. —J'ai soumis les viscères des dames Pictompin à une forte quantité de...

La déposition du témoin est étouffée par

le bruit d'une lutte à la porte du prétoire.

LE PRÉSIDENT. — Quel est ce vacarme?

UN HUISSIER. — C'est un monsieur qui veut entrer à toute force; il dit avoir d'importantes révélations à faire sur mademoiselle Léonie Pictompin.

LE PRÉSIDENT. — Comment se nomme-t-il?

L'HUISSIER. — Hector Grassot.

LE PRÉSIDENT, *avec empressement.*—Faites entrer.

Tous les yeux se tournent vers la porte par laquelle Grassot ne tarde pas à paraître.

LE PRÉSIDENT. — Vous prétendez avoir connu mademoiselle Léonie Pictompin?

GRASSOT, *déclamant :*

Hélas! si j'ai connu cet enfant dont les charmes
 M'ont séduit!
A son seul souvenir, voyez couler mes larmes,
 Mon œil fuit.

LE PRÉSIDENT, *étonné par ce langage des*

dieux. — Comment donc avez-vous lié connaissance ?

GRASSOT :

> Je la voyais de ma fenêtre
> A la sienne, tout cet hiver;
> Nous nous aimions sans nous connaître,
> Nos baisers se croisaient en l'air.

LE PRÉSIDENT. — Cette télégraphie amoureuse dut être suivie d'entrevues? Que lui
dites-vous alors ?

GRASSOT :

> Viens parmi nous, qui brillons de jeunesse,
> Prendre un amant, mais couronné de fleurs,
> Viens sous l'ombrage où, libre avec ivresse,
> La volupté seule a versé des pleurs.

LE PRÉSIDENT. — Une telle proposition
n'a-t-elle pas excité l'indignation de la jeune
personne, même ayant lu Béranger

GRASSOT :

> Je la vis à son tour
> Soupirer et se taire :
> Tel est du tendre amour
> Le langage sincère.

LE PRÉSIDENT. — Assez! assez!

GRASSOT, *continuant* :

Bientôt, par mes attraits fascinant cette femme
Nous chantâmes ensemble une amoureuse gamme.

LE PRÉSIDENT, *sévère.*—Assez! vous dis-je? ç
tout ceci est étranger à la cause. Que désirez-vous? Dans quel but êtes-vous venu ici? ç

GRASSOT :

> Je comptais, mon bon président,
> Vous voir à mes baisers de père
> Rendre le malheureux enfant
> Que la mort priva de sa mère.

LE PRÉSIDENT, *stupéfait.* — Comment? à

vos baisers de père! Mais il s'est déjà pré-
senté un monsieur qui a réclamé cet enfant
comme étant le sien.

GRASSOT, *furieux* :

Ah! je veux
Que le gueux
Vite vienne
Ici,
Et soutienne
Ceci.
(*Levant les yeux au ciel.*)
Léonie,
Douce amie,
Je fus
Ton Léandre
Toujours tendre,
Et j'eus,
Ma sirène,
Ton étrenne.
Jusqu'au
Tombeau,
Fiancée,
Ta pensée
Me suivra,
Soutiendra

Ma vie
Flétrie.
Si jamais,
Infidèle
A ma belle,
J'oubliais !
Que la foudre
Mette en poudre
A l'instant
Ton amant.
Et quand l'heure
Sonnera,
Qu'il faudra
Que je meure,
Même creux,
Pour nous deux,
Ma carcasse
Près de tes
Osselets
Prendra place !

Ce long cri d'une âme en souffrance provoque une salve de bravos. Tout l'auditoire oublie ce que cette poésie a de baroque, pour ne voir en son improvisateur qu'un malheureux amant resté seul sur cette terre et désireux du repos de la tombe.

LE PRÉSIDENT. — Monsieur Grassot, je comprends votre douleur et je la respecte; mais l'enfant que vous demandez a été remis à un monsieur pour lequel il est sans doute aussi un bien doux souvenir.

GRASSOT, *écumant :*

Où se cache-t-il donc? ce monstre gras d'audace !
Qu'il ose se montrer ! Je veux dans mon courroux,
De mes dix doigts crochus lui découpant la face,
En arracher les yeux et cracher dans les trous.

LE PRÉSIDENT, *séduit*. — Ah ! votre poésie est trop délirante pour vous refuser quelque chose. (*A l'huissier.*) Faites rentrer le témoin Asseline.

L'audience est suspendue jusqu'à l'arrivée de ce témoin, qui se présente avec son enfant dans les bras; à la vue de l'innocente

créature, Grassot, emporté par le sentiment
paternel, enfourche de nouveau Pégase et
s'écrie :

> Oui, c'est bien là mon fils, par les dieux je le jure,
> Vous pouvez me traîner, bourreaux, à la torture,
> De tenailles en feu me déchirer les flancs,
> Laver de plomb fondu mes membres palpitants,
> En un dur brodequin me broyer la cheville,
> Me jeter tout vivant au bûcher qui petille :
> Je brave tout ! oui, tout... A mon dernier instant
> Vous m'entendrez crier : C'est bien là mon enfant !

Cette chaleureuse tirade soulève de nouveau les applaudissements de la salle entière.

Grassot s'élance, pour s'emparer de l'enfant, mais il est rudement repoussé par le jeune et brillant rédacteur du *Mousquetaire.*
— Une rixe paraît imminente.

LE PRÉSIDENT. — Je vous en prie, messieurs, pas de pugilat. (*Souriant.*) Mon bon petit et très-cher Asseline, remettez l'objet à monsieur.

ASSELINE. — Corne de bœuf! jamais!

LE PRÉSIDENT. — Mais il est à lui.

ASSELINE. — Le truand a menti par la gorge.

A cette énergique réponse, un murmure d'étonnement circule dans l'auditoire.

GRASSOT, *furieux :*

> Si j'écoutais ma colère,
> Je le mettrais en morceaux!

ASSELINE, *emporté par l'exemple :*

> Par bonheur je me modère,
> Car j'en ferais des copeaux!

LE PRÉSIDENT, *entraîné à son tour :*

> Il faut que tout ça finisse!
> C'est trop longtemps patauger!

GRASSOT :

> J'espère en votre justice,
> Veuillez me l'adjuger.

LE PRÉSIDENT, *à bout de poésie*.—Quittons
ce langage d'opéra-comique et cherchons un
moyen de tout concilier : voulez-vous, à tour
de rôle, l'avoir une semaine ? (*Les deux pères
font un signe négatif.*) Vous avez tort de refuser, car voici l'heure du dîner qui approche. (*A part.*) Quel est le vrai père ? —
(*Poussant un cri.*) Ah! il me vient une idée
historique ! Gendarme, fendez-moi cet enfant
en deux, vous en donnerez une tranche à
chacun de ces messieurs.

Le gendarme se met en devoir d'obéir ;
mais au moment où il lève son terrible glaive,
Asseline s'évanouit. — Grassot est resté impassible.

LE PRÉSIDENT, *vivement*.—Arrêtez, soldat,
et rendez cet enfant à Asseline dont la douleur vient de m'éclairer.

Le contact de son fils rappelle ce dernier
à la vie.

LE PRÉSIDENT, *d'un ton sévère.* — Vous êtes un fourbe, monsieur Grassot !

GRASSOT, *quittant les sentiers du Parnasse.* — Eh bien ! oui, je l'avoue ; je voulais exploiter cet enfant au théâtre du Palais-Royal, en remplacement de la petite Céline Montaland, qui grandit trop.

Il sort poursuivi par les huées de la multitude, outrée de son cynisme.

Le président lève la séance, et la foule se retire en chantant en chœur, sur l'air de *l'Ours et le Pacha :*

> Au président honneur et gloire!
> Il nous a prouvé qu'il est bon
> De bien connaître son histoire,
> Surtout celle de Salomon.

Dernières nouvelles. — Au départ du courrier, Gil Pérès était hors de danger. — On assure qu'il ne sera pas marqué.

DIXIÈME AUDIENCE

DIXIÈME AUDIENCE

On affirme que Gil Pérès et son écuyer Nadar ont pu gagner la frontière et rentrer en France.

A une heure, on annonce la Cour.

L'accusé Crevant est amené. De douces larmes de reconnaissance viennent humecter son gilet à la vue de Me Polymnestor, dont le jeune amour doit égayer les quatre-vingt-deux ans de sa tante. En passant près de son défenseur, l'accusé lui glisse rapidement cette phrase : — Rendez-la heureuse, et j'ajouterai vingt sous aux quarante que je lui donnais chaque matin pour boire de l'absinthe. — Mettez trois francs cinquante, et c'est une affaire convenue, répond Mᵉ Polymnestor à voix basse. — Va comme il est dit, mais qu'elle soit heureuse! ajoute l'accusé en gagnant son banc.

Ce court dialogue n'a pas été surpris par le président, occupé à retourner le rond sur lequel il est assis depuis le commencement des débats.

Mᵉ POLYMNESTOR. — Monsieur le président veut-il accorder à ma FIANCÉE le droit d'assister aux débats?

LE PRÉSIDENT, *avec ironie.* — Non, mon bonhomme, non.

Mᵉ POLYMNESTOR, *d'un ton menaçant.* — Ne venez jamais me demander à dîner !

LE PRÉSIDENT, *à l'huissier.* — Faites rentrer le chimiste expert Bondebeuf, dont

la déposition a déjà été deux fois interrompue.

BONDEBEUF. — Chargé d'analyser le poison dont l'autopsie a révélé la présence dans
les viscères des femmes Pictompin, j'ai vaine-
ment épuisé toutes les ressources de la science
sans pouvoir arriver à un résultat.

La déposition du chimiste Bondebeuf est
de nouveau interrompue par une grande et
belle dame qui entre dans la salle comme un
ouragan. — On assure que c'est une actrice
du théâtre des Variétés.

LE PRÉSIDENT, *d'un ton galant.* — Que
désire madame?

L'INCONNUE. — *Le Moniteur de l'Armée.*

LE PRÉSIDENT, *curieux.* — Dans quel but?

L'INCONNUE. — Pour savoir ce que devient
le 42e de ligne, actuellement en Orient; je
m'y intéresse.

LE PRÉSIDENT. — A tout le régiment???

L'INCONNUE. — Oh! non! au corps d'offi-
ciers seulement.

LE PRÉSIDENT. — C'est déjà bien assez!
(*A l'huissier.*) Conduisez madame au greffe;
le Moniteur de l'Armée doit y avoir été
adressé.

L'INCONNUE, *en se retirant.* — Adieu et
merci, je vous écrirai.

LE PRÉSIDENT. — Monsieur Bondebeuf,
nous vous écoutons; vous pouvez reprendre
votre déposition.

BONDEBEUF, *mécontent.* — C'est fort désagréable d'être ainsi interrompu!

LE PRÉSIDENT, *d'un ton sec.* — Vous avez
cela de commun avec la circulation dans
les rues de Paris pendant les fortes pluies
d'orage. — Continuez.

BONDEBEUF. — J'ai dit qu'il m'avait été
impossible de reconnaître la nature du poison.

LE PRÉSIDENT. — Vous croyez cependant que le trépas des dames Pictompin a été causé par l'absorption d'une substance malsaine ?

BONDEBEUF. — Et indigeste principalement, car j'ai trouvé l'estomac intérieurement garni d'une croûte dure et épaisse, résistant au ciseau, formée de lames superposées qui lui donnaient l'aspect d'écorce de palmier mâle.

LE JURÉ, *curieux*. — Un palmier mâle ! Les végétaux ont donc les deux sexes ?

BONDEBEUF. — Oui, monsieur, un grand nombre.

LE JURÉ. — Alors quel est le mâle du melon ?

LE PRÉSIDENT. — Pourquoi cette question ?

LE JURÉ. — C'est que j'entends toujours dire que les melons sont en couches.

Me POLYMNESTOR, *sèchement*. — Nous sortons de la cause.

LE PRÉSIDENT, *plus sèchement encore*. — Me Polymnestor, le désir de s'instruire est toujours une excuse... surtout pour un juré.

Me POLYMNESTOR. — Alors envoyez-le au Jardin des Plantes.

LE PRÉSIDENT, *avec peine*. — Vos fureurs me donnent une bien triste idée du barreau de Soissons.

Les larmes aux yeux, le président lève la séance. — La foule se retire, vivement impressionnée par cette altercation.

AVIS IMPORTANT

Mardi dernier, en l'étude de M⁰ RIDEAUSAL, notaire, a été passé le contrat de mariage entre M. Polymnestor et Mˡˡᵉ Crevant. — L'illustre représentant du barreau de Soissons va sceller enfin par des nœuds légitimes cette brûlante passion que la basse jalousie du président s'efforça longtemps d'éteindre.

Nous donnons connaissance à nos lecteurs des lettres de faire part qui ont été adressées aux nombreux amis.

Mademoiselle PASIPHAÉ-MESSALINE CREVANT a l'honneur de faire part de son mariage avec Monsieur ÉSAU-JOSUÉ POLYMNESTOR, avocat, qui sera célébré le vendredi 2 décembre.

Monsieur et Madame POLYMNESTOR ont l'honneur de vous faire part du mariage de Monsieur ÉSAU-JOSUÉ POLYMNESTOR, leur fils, avocat, avec Mademoiselle PASIPHAÉ-MESSALINE CREVANT, qui sera célébré le vendredi 2 décembre 1854.

Afin d'éviter jusqu'à l'ombre du plus léger doute, la mariée ne s'habillera pas en blanc. — Au dessert, elle ôtera son bouquet pour mettre ses convives à l'aise et donner ainsi le signal d'une honnête gaieté.

Pour le repas de noces, chaque invité est prié de se munir de la somme de 1 fr. 40 c. qui lui donnera droit à un potage, trois plats au choix, un dessert, un carafon d'excellent mâcon ou une bouteille de bière. — Le potage ne se remplace pas.

NOTA BENE. — Les nombreux amis des futurs époux qui n'auraient pas reçu personnellement de lettres de faire part sont priés de se réunir, après la cérémonie, au restaurant qui a pour enseigne : A LA MORT SUBITE, où le repas de noces est commandé. — On se mettra à table à midi.

NOUVELLES DE L'ÉTRANGER

On lit dans l'*Écho du Limbourg*, à la date
du 3 décembre :

« Hier, a été célébré le mariage de
M. Esaü-Josué Polymnestor avec mademoiselle Pasiphaé-Messaline Crevant. La mariée
avait une robe gorge de hanneton, et l'illustre avocat, contre l'usage reçu, portait un
habillement complet en nankin ; il avait
voulu, pour ce beau jour, quitter le sévère
costume exigé par sa profession ; — c'était
sans doute pour le même motif qu'il n'était
pas rasé.

» « Après la cérémonie, les nouveaux époux,

suivis d'un nombreux cortége d'amis, se sont rendus *A la Mort subite*, notre célè[bre] restaurant, où le repas de noces était p[ré]paré depuis huit jours, ce qui, à cause [du] poisson, a obligé les invités à se mettre [à] table sans délai.

« Nous donnons le menu de ce repas [de] noces à 1 fr. 40 c. par tête.

« POTAGE. — *Soupe aux choux (bland[e] fleurs-croûte).*

« HORS-D'ŒUVRE. — *Un boudin blanc [de]* huit mètres de long, dont les ordonnateu[rs] de la fête se sont servis pour dessiner [le] *chiffre* des mariés au milieu de la table.

« ENTRÉE DE BŒUF. — *Rosbeef aux pom[-]* mes de pin.

« ENTRÉE DE MOUTON. — *Pieds à la pou[-]* lette. — Ce mets n'ayant pas été réussi, o[n] a remplacé les pieds à la poulette par l[es] pieds à l'eau... de toute la société. Hu[it] cents bains ont été immédiatement servis. — Ce changement a été une aubaine pour quelques invités.

« ENTRÉE DE VEAU. — *Langue de veau de Breda-Street* (avec supplément de 0 35 c.).

« ENTRÉE DE VOLAILLE. — *Chapon au gros sel.* — Ce plat a donné lieu à quelques allusions piquantes pour le marié. — L'épouse, un moment craintive, a paru se rassurer.

« ENTRÉE DE GIBIER. — *Canard aux olives.* — La chasse étant fermée, cet animal a été figuré en zinc : les olives provenaient des brandebourgs d'une vieille houppelande laissée en gage chez l'aubergiste par un Polonais sans le sou. — Les convives ont été généralement peu satisfaits de cette manière de rentrer dans son argent.

« POISSON. — *Raie sauce au chlore.* — Ce poisson, malgré la sauce, devant être servi en plein air, il a fallu transporter la table

dans le jardin. Cette précaution n'a pas été
suffisante.

« ROT. — *Filets de Saint-Cloud.* — *Sa-
lade d'œufs durs.* — IDEM *de truffes pour les
mariés.*

« LÉGUMES. — *Haricots rouges, fèves de
marais.*

« ENTREMETS AU SUCRE. — *Charlotte de
pommes.* — Ce mets n'a pas été entamé,
l'aubergiste ayant imprudemment avoué qu'il
avait passé marché avec les hospices pour
racheter toutes les pommes ayant déjà servi
à poser les sangsues.

« DESSERT. — *Fromage de Brie.* — Au moment de le mettre sur table, on s'est aperçu
que ce fromage, incommodé par la chaleur,
était parti sans rien dire. — Il avait déjà
franchi les portes de la ville quand il a été
rattrapé. — Pour prévenir toute nouvelle

évasion, on l'a servi aux convives enfermé dans une forte cage en fer où il bondissait.

« VIN. — *Carafon d'excellent mâcon ou une bouteille de bière.* — (Le café et les liqueurs ont été payés à part.)

« A l'exemple des grands journaux qui, chaque fois qu'ils citent un banquet, en racontent le menu, nous avons donné celui de ce repas de noces pour montrer à nos lecteurs combien la vie est à bon marché dans des beaux vallons du Limbourg.

« A la rentrée du fromage, la mariée ayant retiré son corset pour se mettre à l'aise, la gaieté est devenue plus expansive. — Les galants couplets, les mots à double entente, les allusions égrillardes n'ont pas tardé à pleuvoir. — Me Polymnestor, enflammé par l'amour et le carafon de mâcon, a donné lui-même le signal de cette douce licence, en adressant à son épouse le couplet suivant :

> Depuis un mois, ma belle tante,
> Vous m'avez donné de l'amour,
> Qui sans relâche tout le jour
> Et toute la nuit me tourmente;
> Je ne puis souffrir plus longtemps,
> Belle tante, je vous le rends.

« Les yeux baissés, les joues roses du feu
de la pudeur, la mariée a répondu aussitôt
sur le même air :

> Ce qu'on a donné, le reprendre
> N'est pas un noble procédé,
> Et de l'amour longtemps gardé
> N'est pas chose facile à rendre;
> Mais si vous n'étiez point léger,
> Nous pourrions bien le partager.

« A ce pudique aveu de son amour partagé par un cœur de quatre-vingt-deux ans,
l'illustre avocat, bouillant d'amour, a voulu
dérober un baiser qui lui a été accordé après
une douce résistance.—Tant de passion chez
l'aigle de Soissons a fait tomber aussitôt

l'accusation de basse cupidité portée par le président.

« La gaieté la plus vive n'a cessé de régner jusqu'à la fin du repas, et a fini par atteindre les membres du tribunal, tous invités par le marié. Le président lui-même, après avoir longtemps voulu résister à l'entrain général, gagné enfin par l'exemple, s'est mis à faire des *imitations* d'acteurs qui ont obtenu un tel succès qu'on lui a aussitôt proposé d'imiter des billets de la banque. La mariée ayant profité de ces bonnes dispositions pour lui demander de permettre à son neveu d'assister au bal, cette grâce lui a été gracieusement accordée par le magistrat, mais à la seule condition que l'accusé Crevant serait accompagné d'un gendarme qui ne le quitterait pas de toute la nuit. Dix minutes à peine écoulées depuis l'ordre expédié, Crevant a fait son entrée au bras du brave brigadier que Gil Pérès a rendu chauve. Après avoir tendrement embrassé sa tante, il a amicalement tendu la main à son oncle Polymnestor, en lui glissant adroitement les 3 fr. 50 c. qui, versés chaque jour, doivent assurer le bonheur de sa vénérable parente.

« A neuf heures, le bal a été ouvert par M. le président conduisant la mariée, et les danses succédant aux plaisirs de la table, *un flot d'harmonie ineffable est voluptueusement venu baigner l'ouïe des assistants* (STYLE GAÏFFE). Crevant, qui ne pouvait se séparer du gendarme fidèle à sa consigne, s'est décidé à le prendre pour danseuse et s'est mêlé aux quadrilles.

« A minuit les danses ont été suspendues pour un concert d'amateurs, et l'accusé Crevant a daigné y prendre part en chantant les couplets suivants qu'il a appris en France.

AIR *de l'Angelus.*

I

Les rois sont tous des orgueilleux,
Ils ne cherchent que l'étiquette.
Mes amis, est-on plus heureux
Avec des rubis sur la tête?
Avec des rubis plein la tête!
Jadis un fa — meux général,
Je vous le dis avec franchise,
Remplaça le sceptre royal
Par une redingote grise.   (*bis*).

II

Ce n'est pas sur un canapé
Qu'il usa cette redingote.
Si son air est un peu râpé,
C'est qu'il avait à Montenotte   (*bis*)
Frotté ce geu — sard d'Autrichien,
Qui plus tard nous donna sa reine.
Va, tu peux la r'prendre pour rien
Car elle a forgé notre chaîne.
Oui, c'est ell' qu'a forgé not' chaîne.

III

Bien longtemps des saules pleureurs
L'ont abrité sur Saint'Hélène.

Les zéphyrs lui portaient nos cœurs
Sur le souffle de leur haleine.   (*bis*)
Mais le destin compatissant
Nous l'apportant aux Invalides,
On peut pleurer plus aisément
Le conquérant des Pyramides.   (*bis*)

IV

Un simple et tout petit chapeau
Servait de turban à sa gloire.
Son glaive fut un vrai rameau
Cueilli sur l'arbre de victoire.   (*bis*)
Maintenant que — c'est son neveu
Qu'a hérité de sa mémoire,
C'lui qui y arrach'rait un ch'veu
S'rait rayé des pag's de l'histoire.   (*bis*)

« Des torrents de bière circulaient au milieu de montagnes d'échaudés. A deux heures du matin, on a servi à chaque invité une omelette au sucre, renfermant un lot de tombola. Le président a gagné un âne.

« Tant d'exercice a malheureusement irrité l'asthme de l'octogénaire mariée, qui, saisie,

une toux opiniâtre, a été obligée de quitter
le bal, suivie de son jeune époux, qu'on était
allé chercher dans la cour, où il fumait sa
pipe. — Ils n'ont plus reparu.

» « A six heures du matin, les danses con-
tinuaient encore. »

ONZIÈME AUDIENCE

ONZIÈME AUDIENCE

L'audience est ouverte à neuf heures.

M⁰ Polymnestor a écrit que l'asthme de sa femme l'obligeait à ne pas la quitter d'un seul instant.

L'accusé Crevant, rentré fort tard, est au lit et a fait défendre sa porte.

Les jurés se lèvent en masse et demandent un congé pour cause de santé. — Le poisson mangé à la noce n'est pas étranger à cette demande.

Resté seul avec son greffier, le président

ève la séance et retourne chez lui prendre du b thé, car le devoir du magistrat avait fait taire 1 en lui les souffrances de l'homme privé, ma- s lade d'une fausse digestion.

INCIDENT INATTENDU

Un notaire qui se fâche. — Trois lettres. — Apparition de Me Grivaiseau, second défenseur.

On conçoit avec quelle impatience nous attendons le courrier du Limbourg, qui, chaque semaine, nous apporte le compte rendu du procès Pictompin. Jeudi dernier, rien ne nous était encore parvenu, quand, le soir, le télégraphe électrique nous transmit cette nouvelle :

« *La cause est remise : Me Polymnestor refuse la défense.* »

Nous ne savions que penser de ce caprice

de l'illustre avocat, privant du secours de sa parole un malheureux devenu son neveu, quand, le lendemain, nous reçûmes de lui une lettre, accompagnée d'un journal qui nous a fait tout comprendre.

Braves Soissonnais, il s'est trouvé parmi vous un être assez dénué d'intelligence pour prendre au sérieux le procès Pictompin. Tout en élevant un léger doute sur *l'authenticité* de ce procès, il lui reconnaît cependant un but INFAME, celui de perdre à tout jamais Soissons dans l'opinion publique. Nouveau Jérémie, dans le journal de la localité, il pleure sur le futur destin de sa patrie : « Malheur! trois fois malheur! Les journalistes parisiens insultent tout, s'écrie-t-il; ces audacieux gens de lettres laissent maintenant tranquilles les citoyens de Carpentras et de Quimper-Corentin : ce sont les Soissonnais qu'ils attaquent; ils ne respectent plus les corporations, les individualités de notre pays, témoin ce *Mᵉ Polymnestor, avocat du barreau de Soissons.* » — Et cet idiot défenseur d'une ville qu'il nous accuse de vouloir placer en Béotie, se lance, *visière baissée* et à fond de train, dans un article tellement empreint du plus parfait crétinisme, que, s'il est l'organe de Soissons, nous avons le droit de faire de cette ville la capitale du pays susdit.

Une seule personne pouvait, avec raison, se formaliser : c'est celle que nous avons affublée de la robe de Mᵉ Polymnestor, vieil ami à nous, qui n'est pour rien dans la folie furieuse de son compatriote, à en juger par la lettre qu'il nous a adressée, et que nous publions dans toute sa fraîcheur :

« My Dear,

« Je suis incandescent de fureur; mes lauriers sont flétris! Il ne me reste qu'à les débiter, et Dieu sait tout le mal que j'aurai à en tirer un cent de fagots. Je renonce à la parole ; mon neveu Crevant s'en tirera comme il pourra. — Lis le journal que je t'adresse, et tu comprendras mon indignation ; jamais je n'atteindrai à tant d'éclat dans le style, à tant de profondeur dans les idées. Hélas ! il me faut laisser à un autre le soin d'illustrer ma patrie, et cela au moment où, grâce au procès Pictompin, j'allais ajouter à la célébrité que répand sur elle certain produit de son sol. J'essayerais en vain de me faire illusion ; l'apparition de l'article que je te signale a causé une fermentation extrême parmi les populations : on ne peut croire que nos journalistes, tous gens à comprendre *le Tintamarre*, aient pu donner l'hospitalité à cette tartine aussi anonyme que ridicule. Ma gloire est éclipsée ; peut-être me révélera-t-on le nom de mon heureux rival, de ce critique in-

connu, dont la modestie égale le talent, je te
le transmettrai, pour que tu puisses le *suin-
ter* aux masses que civilise la lecture du *Tintamarre*. — Adieu, mon cher ami, j'ensevelis
mes pénibles pensées sous un triple bonnet
de coton.

« Ton POLYMNESTOR.

« Soissons, 9 décembre.

« *P. S.* Ah! dis donc, j'oubliais... Pasiphaé
est morte du hoquet. »

Cette lettre mettant *Me Polymnestor* hors
de cause, nous nous demandions quel pouvait
être l'individu assez étranger à toute gaieté
pour faire une si niaise sortie, et nous hési-
tions entre le suisse de la paroisse et le portier du cimetière, gens graves par état,
quand à notre grande stupéfaction, on nous
a affirmé que c'était un notaire.

Si nous ne connaissions nombreux no-
taires fort spirituels, et il en est de même,
à coup sûr, pour ceux de Soissons, nous croi-
rions, maladroit tabellion, que l'état vous a
abruti; mais nous aimons mieux penser que
vous jouissez d'une infirmité naturelle. —
Seulement vous avez tort d'en abuser, car
vous vous privez volontairement de la pitié
due à tout être incomplet.

> Ce notaire pyramidal
> Possède en son style énergique
> La triple verve satirique
> De Régnier, Boileau, Juvénal;
> Tout Soisonnais, je le présume,
> D'un tel talent doit être fier;
> Combien voudraient avoir sa plume!
> Moi, j'aime mieux la plume en fer.

Adieu, type vivant de Joseph Prudhomme,
croyant encore qu'on *rédige* une tragédie, et
pour lequel tout journaliste est à pendre,
comme inutile, bien qu'il puisse, au besoin,

donner à un notaire en goguette le conseil de
mieux veiller sur les intérêts de ses clients,
au lieu de se poser en don Quichotte d'une
ville entière. — Profitez du mot d'Apelles au
savetier, et, à l'avenir, soyez moins sévère.
—Vous et les gens d'esprit, il faut bien que
tout le monde vive.

Sur ce, comme j'ignore votre nom : bon-
soir, monsieur Pantalon.

DOUZIÈME AUDIENCE

DOUZIÈME AUDIENCE

L'audience est ouverte à deux heures, au retour de l'enterrement de Mme Messaline-Pasiphaé Polymnestor (née Crevant), décédée du hoquet, à l'âge de quatre-vingt-deux ans, dans les bras de son mari, en sa maison du Val-Scrofule.

Me Polymnestor paraît vêtu de noir, sa noble figure ne porte aucune trace du profond chagrin que le décès de sa femme ne lui a pas laissé. — On s'étonne de le voir reprendre une défense qu'il avait si nette-

ment refusée; des personnes bien renseignées
affirment que *l'aigle de Soissons* a l'intention
par une défense compromettante, de se ven
ger de son neveu, qui lui conteste les 3 fr.
50 c. dus pour le dernier jour de la défunte

On amène l'accusé; à peine est-il assis
que son oncle l'interpelle avec colère.

Mᵉ POLYMNESTOR. — Et mes 3 fr. 50 c. ?

L'ACCUSÉ. — Ma tante est morte à minuit,
j'offre 1 fr. 75 c.

Mᵉ POLYMNESTOR. — Toute journée est due
en totalité.

L'ACCUSÉ. — Jamais !

Mᵉ POLYMNESTOR, *furieux*. — Voleur !

LE PRÉSIDENT. — Messieurs, ceci est une
affaire de justice de paix; si vous êtes en
délicatesse, vous vous expliquerez plus tard;
mais, dans cette enceinte, je vous engage à
taire *vos grelots*.

A l'emploi de cette nouvelle expression,

cemment introduite dans le Limbourg, les assistants se regardent surpris.

LE PRÉSIDENT. — Accusé Crevant, on l'assure que vous consentez enfin à parler, est-ce bien vrai?

L'ACCUSÉ, *les larmes aux yeux.* — Maintenant que ma tante z'est *nettoyée,* tout m'est égal, *je jaspinerai à gogo.*

(L'accusé a fait ses études, à Paris, dans l'institution Jauffret.)

En cet instant on annonce au président qu'un monsieur, porteur d'une lettre, désire lui parler. — Il donne ordre de l'introduire.

LE PRÉSIDENT. — Qui êtes-vous?

LE MONSIEUR. — Jean-Louis Grivaiseau, du barreau d'Auxerre; cette lettre vous expliquera le motif qui m'amène.

LE PRÉSIDENT. — Greffier, veuillez la lire; j'ai oublié mes besicles.

Ce magistrat a la vue aussi courte que
l'haleine d'un bœuf.

LE GREFFIER. — Cette missive en contient
une seconde.

LE PRÉSIDENT. — Donnez-nous en connaissance.

LE GREFFIER, *lisant* :

« Mon président,

« Le bruit ayant couru que Mᵉ Polymnestor renonçait à la parole, je prends la liberté de vous adresser Mᵉ Jean-Louis Grivaiseau, avocat à Auxerre, où il a mérité le titre de *cygne de la Bourgogne*. La défense de Crévant ne pouvant être mieux justifiée, je joindrai à ma lettre la demande qu'il m'a faite de solliciter de votre bonté une faveur qui doit illustrer sa patrie.

« Tout à vous,

« E. CHAVETTE »

(Sténographe des audiences.)

« Monsieur le Rédacteur,

« Le procès Pictompin m'intéressait vivement; je regrette que Mᵉ Polymnestor ait disparu de ce mémorable drame, mais il a dû
céder devant les énergiques réclamations
d'un notaire de Soissons, pauvre personnage
dont la patrie allait être couverte de gloire
et qui revendique pour elle l'obscurité. —
Cette retraite laisse l'accusé Crevant sans
défenseur ; qui remplacera l'*aigle de Soissons*
dans la tâche difficile qui lui avait été con-
fiée? Je crois, monsieur le Rédacteur, s'il
m'est permis d'émettre ici mon avis, qu'il
n'y a que le barreau d'Auxerre, en Basse-
Bourgogne, qui puisse fournir un successeur
à l'illustre avocat. L'éloquence y fleurit plus
qu'en aucun lieu du monde. — « Il y a une
chose qui me surprend, disait quelqu'un en
parlant de Mirabeau, c'est qu'il ne soit pas

né à Auxerre. » — Cette ville est ma patrie ; si nous y sommes bêtes, mais nous entendons la plaisanterie ; ne lui refusez pas une gloire dont Soissons s'est montrée indigne.

« J'ai l'honneur d'être, monsieur le Rédacteur, votre lecteur assidu.

« J. L. Grivaiseau,

« dit *le Cygne de la Bourgogne*. »

A cette lecture, Mᵉ Polymnestor a poussé de petits cris de rage ; aussi furieux qu'une truffe égarée dans des haricots, il dévore des yeux son rival. — Sous le feu de ce regard, celui-ci reste encore plus impassible que Porsenna brûlant son poing.

LE PRÉSIDENT. — Mᵉ Grivaiseau, je voudrais pouvoir vous mettre à même de conquérir la palme de l'immortalité ; mais votre collègue Polymnestor est revenu sur sa décision.

M° POLYMNESTOR. — Et je mourrai à mon poste.

L'ACCUSÉ, *à son oncle*. — Tais ton bec.

LE PRÉSIDENT, *à M° Grivaiseau*. — Toutefois, l'altercation, survenue au commencement de la séance entre le défenseur et l'accusé, me faisant craindre pour les intérêts de ce dernier, je vous attache à lui en qualité de *conseil*.

M° POLYMNESTOR, *avec un geste menaçant pour le Cygne de la Bourgogne*. — Gent damoiseau, nous nous reverrons au Pré aux Clercs !

LE CYGNE DE BOURGOGNE, *impassible*. — Soit, et je serais marry qu'il fût faict autrement.

Au départ du courrier, on allait entendre la déposition de l'*unique* témoin à décharge.

CORRESPONDANCE HAVAS

« La curiosité de tout le Limbourg entassé
dans la salle n'a pu être assouvie cette semaine, l'audience n'ayant pas eu lieu par
suite d'une mesure d'économie domestique
adoptée par Mme la présidente.

« Après avoir renvoyé sa bonne pour se
dispenser de lui donner des étrennes, cette
dame se trouvant sans cesse obligée de s'absenter pour l'achat des cadeaux du nouvel
an, son noble époux, le sévère président, a
été forcé de rester à la maison pour garder
les enfants qui, privés de leur bonne, ont la
triste manie, dès qu'ils sont seuls, d'aller
jouer avec des allumettes chimiques sur les
copeaux dans le bûcher. — Au dire du médecin, la passion de ces pauvres petits êtres
pouvant, si elle était contrariée, dégénérer

en épilepsie, le bon magistrat se contente de les suivre l'arrosoir en main.

« L'agence Havas nous transmet les plus rassurantes nouvelles sur l'état de santé de l'accusé Crevant; il a fait le réveillon dans son cachot avec les deux bons gendarmes qui ne le quittent plus... surtout quand il y a de l'oie à manger. »

TREIZIÈME AUDIENCE

[illegible]

TREIZIÈME AUDIENCE

La foule est restée aussi compacte qu'à la précédente audience, et les murs commencent à craquer sous la lente pression de la multitude qui se dilate par l'action de la chaleur. D'heure en heure les pompiers jettent de l'eau sur cette masse pour l'empêcher de se corrompre. — Le dentiste Fattet, arrivé hier de Paris, a extrait de la foule les cadavres des gens étouffés. Les tribunes réservées sont toujours garnies des mêmes dames ayant

déjà eu le bonheur d'être mères : les *demoi-
selles* du chef du jury continuent à y étaler
leurs robes d'innocence qui sont revenues de
la blanchisseuse.

A 10 heures on annonce la Cour.

Madame la présidente n'ayant pas remplacé la bonne renvoyée par économie
d'étrennes, son mari, qui était obligé de rester à la maison pour garder les enfants, n'a
pas voulu que la marche de la justice fût en-
travée plus longtemps par cette servitude
domestique. — Le digne magistrat a donc
amené ses deux fils à l'audience et les a fait
placer dans l'espace resté vide entre la barre
et le tribunal; c'est là qu'ils se livrent aux
doux et bruyants jeux de l'enfance.

Peu à peu le silence s'établit dans la salle.

LE PRÉSIDENT, *après un regard d'aigle.* —
Pourquoi M. Calurin n'est-il pas présent au
banc du jury?

LE GREFFIER. — Il est à l'article de la mort.

LE PRÉSIDENT. — Alors je l'excuse; il ne peut être partout à la fois. (*Au greffier.*) Appelez un des jurés supplémentaires.

LE GREFFIER. — Impossible!

LE PRÉSIDENT. — Pourquoi?

LE GREFFIER. — Ces deux jurés étant bouchers par état, sont actuellement en prison pour contravention à la taxe.

LE PRÉSIDENT, *avec joie.* — Allah est grand et Mahomet est son prophète.

MADAME LA PRÉSIDENTE, *bas à son mari.* — A propos de boucher, Ulysse, es-tu passé chez le nôtre pour ce filet?

LE PRÉSIDENT, *bas.* — Il nous l'a expédié par le roulage; avant un mois nous l'aurons.

MADAME LA PRÉSIDENTE, *avec aigreur.* — Comme il sera frais!!! ayez donc du monde à dîner!!! tenez, Ulysse, vous traduisez Quinte-Curce, mais vous ne savez pas faire une commission.

LE PRÉSIDENT, *piqué*. — Alors, Ernestine il prenez une bonne.

MADAME LA PRÉSIDENTE, *avec une ironie douloureuse*. — Ah! une bonne! n'est-ce pas ce Lovelace! Agar chez Abraham!

LA VOISINE, *pudibonde*. — Ah! madame

MADAME LA PRÉSIDENTE, *vivement*. — Eh ma chère, je voudrais vous voir à ma place mariée à un vrai Parc aux cerfs!!!

LE PRÉSIDENT, *au greffier*. — Vous n'avez pas un autre juré supplémentaire?

LE GREFFIER. — Pardon, monsieur le président, nous avons encore M. Canulard mais il lui est impossible de se rendre à son devoir.

LE PRÉSIDENT. — Quelle est son excuse?

LE GREFFIER. — Il est allé faire inscrire

on chien dont l'impôt est exigible depuis le premier du mois.

LE PRÉSIDENT. — En quoi M. Canulard, qui est pâtissier, a-t-il besoin d'un chien?

LE GREFFIER. — Il lui fait mâcher les boulettes pour ses godiveaux.

Dans l'impossibilité de se procurer un vrai juré, le président, en vertu de son pouvoir discrétionnaire, fait choix d'un figurant de théâtre qu'il a distingué dans la foule, et qui accepte cet emploi à raison d'un franc l'heure.

Ordre est donné d'introduire l'accusé.

Après cinq minutes d'attente, un doux craquement de botte annonce l'approche des deux bons gendarmes, qui paraissent bientôt, soutenant l'accusé qui, pour être plus à l'aise, porte un costume à la Henri III. — Dès qu'il est assis, comme à la précédente audience, ils lui offrent leurs bonnets à poils

dans lesquels il fourre ses jambes en guise
de chancelière.

LE PRÉSIDENT. — Crevant, voulez-vous enfin éclairer la justice?

L'ACCUSÉ, *avec âme*. — Je le répète, je suis las de la vie, je veux rejoindre Voltaire et ma tante.

Le nouveau système de défense adopté par l'accusé impressionne péniblement l'auditoire.

Crevant reprend sa place et sifflote avec le plus profond cynisme l'air du *sire de Franc-Boisy*. — Comme il paraît peu connaître cette ballade, le gendarme chauve le remet de temps en temps dans la note. — Quant au gendarme à lunettes, honteux pour l'accusé, il cache sa noble rougeur derrière son mouchoir à carreaux.

LE PRÉSIDENT. — Accusé, vous ne paraissez nullement vous douter de la triste position dans laquelle vous vous trouvez et que vous aggravez à plaisir.

L'ACCUSÉ, *appuyant*. — Voltaire et ma tante !

LE PRÉSIDENT, *à part*. — Imprudent Louis XVI ! pourquoi as-tu aboli la torture ?

M⁰ POLYMNESTOR. — Peut-être dans ses questions M. le président n'est-il pas bien intelligible pour l'accusé, qui n'est pas trop fort sur la belle langue de Bossuet.

LE PRÉSIDENT. — C'est possible. (*Parlant nègre.*) Accusé, vous vouloir-t-y répondre à question à moi ?

L'ACCUSÉ. — Moi, oui, tante et Voltaire vouloir rejoindre.

LE PRÉSIDENT, *avec douleur*. — Vous le voyez, M⁰ Polymnestor, son obstination n'a pas de nationalité, elle se manifeste dans toutes les langues.

On passe à l'audition des témoins.

Le premier qui se présente à la barre est
un monsieur assez dodu et porteur de trop
longues moustaches.

LE PRÉSIDENT. — Vos noms et profession?

LE TÉMOIN. — Édouard Martin, vaudevilliste, rédacteur du *Journal pour rire*.

LE PRÉSIDENT. — Connaissiez-vous les
dames Pictompin?

ÉDOUARD MARTIN. — J'ai principalement
connu Agathe....., charmante biche! sur ma
parole?

LE PRÉSIDENT. — En quelle occasion?

ÉDOUARD MARTIN, *avec sourire*. — Ah! permettez, mon bon petit père, ceci devient de
l'indiscrétion.

LE PRÉSIDENT, *sèchement*. — Monsieur, je
vous somme de répondre.

ÉDOUARD MARTIN. — Si je refuse?

LE PRÉSIDENT. — On vous fera attacher
dans une stalle de l'Ambigu, et l'on jouera

pour vous seul le *Moulin de l'Ermitage* et *César Borgia.*

ÉDOUARD MARTIN, *pâlissant.* — Je parlerai!!! mais je demande 24 heures pour apporter les lettres d'Agathe à l'appui de ma déposition.

LE PRÉSIDENT. — On vous les accorde.

La séance est levée. — L'accusé qui s'est endormi dans les bras du gendarme chauve est emporté par celui-ci avec tout le soin d'une mère pour l'enfant qu'elle allaite.

QUATORZIÈME AUDIENCE

QUATORZIÈME AUDIENCE

Il est impossible d'exprimer l'émotion qui règne dans le Limbourg depuis le fatal retentissement du procès Pictompin. Des villes entières sont désertées par les habitants, qui accourent au tribunal. — Dès lundi, la foule, qui a passé les nuits sur pied, était devenue si compacte que le service de salubrité a envoyé aux pompiers, chargés d'arroser cette masse en fermentation, l'ordre de remplacer l'eau des pompes par du chlore. — Comme aux précédentes assises, les communications entre la prison et le tribunal se font à l'aide de planches posées à plat sur la foule; c'est par ce chemin que la Cour a pu se rendre au tribunal. — Mercredi dernier, un malheureux huissier en traversant ce pont, saisi d'un éblouissement subit et perdant pied, est tombé dans le tourbillon et n'a plus reparu. — On suppose qu'il a été dévoré par la multitude affamée. — Ce sinistre n'a pas été poursuivi, car, l'huissier étant réputé un mets fort peu appétissant, il est avéré qu'il a été mangé pour satisfaire aux exigences d'une faim insensée, et non pas par *gourmandise*, ainsi que les Hollandais, ennemis jurés des Belges, ont voulu le faire croire à l'Europe en émoi. — Une *signification de jugement* dont il était porteur, non dévorée par la foule, qui flotte au-dessus des têtes, indique seule aujourd'hui le fatal endroit où le malheureux a trouvé sa tombe.

D'heure en heure, les planches posées sur la foule sont parcourues au galop par des émissaires à cheval qui vont, par les guichets des poternes, communiquer les nouvelles aux populations des campagnes, accourues de plus de 70 lieues, et stationnant sous des tentes en dehors des remparts, car le président a fait fermer les portes de la ville et braquer sur cette masse des canons gorgés de mitraille qui, heureusement, n'ont encore été déchargés que six fois pour faire de la place aux nouveaux arrivants.

Au tribunal, la plus vive impatience règne dans l'auditoire. — A onze heures on annonce la Cour.

LE PRÉSIDENT, *au public*. — Il y a ici des personnes qui, pour être mieux placées, font queue dès le matin à la porte du prétoire, et ont la déplorable habitude d'apporter avec elles leur second déjeu-

nèr; ce repas est généralement composé de
charcuterie exhalant un fumet trop pro-
vençal.

UNE VOIX. — Ça détruit les miasmes.

LE PRÉSIDENT. — Est-ce une allusion bles-
sante pour les gendarmes?

LA FOULE. — Oui, oui, oui.

LE PRÉSIDENT. — C'est possible! mais
comme, si j'avais la faiblesse de croire aujourd'hui à cette excuse, des gens malinten-
tionnés se permettraient demain d'apporter
ici des rats morts, je suis déterminé à couper court à une habitude contraire à l'hy-
giène.

En conséquence, — le nombre fort restreint
de militaires exigé par le service du tribunal
étant déjà assez funeste sans y mêler encore
un autre parfum, — je préviens donc qu'à
l'avenir toutes provisions de bouche seront
soigneusement analysées par M. Bondebeuf,

himiste expert. En cas de contravention, la
victuaille sera confisquée. Qu'on ne me le
fasse pas répéter une seconde fois.

Après cette sévère menace, le président
donne l'ordre d'introduire Crevant. — Le
gendarme chauve vient bientôt annoncer que
l'accusé, se sentant un peu indisposé, a fait
défendre sa porte; il prie ces dames de l'ex-
cuser et consent à ce que l'audience ait lieu
sans lui.

LE PRÉSIDENT, *affable*. — Dites à Crevant
de ne pas se tourmenter... qu'il se soigne
bien. (*A sa femme.*) Ernestine, tu devrais
aller voir s'il n'a besoin de rien.

Madame la présidente sort avec empressement. — L'audience est suspendue jusqu'à
son retour; elle rentre bientôt.

LE PRÉSIDENT, *avec intérêt*. — Eh bien,
qu'a-t-il?

MADAME LA PRÉSIDENTE, *avec pudeur*. —

Je l'ignore, il allait prendre un bouillon... Je suis sortie au plus vite.

LE PRÉSIDENT. — Pourquoi ?

MADAME LA PRÉSIDENTE, *d'un ton sec.* — Il y a bouillon et bouillon... selon la manière d'envisager la chose.

LE PRÉSIDENT. — Tiens, j'y pense, je n'ai pas pris le mien ce matin... Ah ! Ernestine, quand donc aurons-nous une nouvelle bonne... jeune surtout !

MADAME LA PRÉSIDENTE, *froissée.* — Un mot de plus, je divorce.

Le greffier appelle M. Édouard Martin ; ce témoin se présente de nouveau à la barre.

LE PRÉSIDENT. — Témoin, à la dernière audience, vous avez affirmé avoir rencontré à Paris les dames Pictompin ; il m'a même semblé que la plus jeune des filles, Mlle Agathe, vous était plus particulièrement connue.

ÉDOUARD MARTIN. — C'est vrai. Je fis sa

rencontre dans le monde... aux Italiens, où elle venait seule, protégée par une sévère et bonne éducation de famille.

Me POLYMNESTOR. — Pardon d'interrompre la déposition du spirituel rédacteur du *Journal pour rire*, mais j'ai besoin de renseignements sur un personnage dont on ne parle jamais ici. — Cette interruption excite la plus vive curiosité dans l'auditoire.

LE PRÉSIDENT. — Parlez.

Me POLYMNESTOR. — Pendant l'instruction et durant les débats, j'ai sans cesse entendu parler de mesdames Pictompin, mère et filles. — Aujourd'hui, dans l'intérêt de la défense, je désire avoir quelques renseignements sur M. Pictompin père.

ÉDOUARD MARTIN. — Il était mort.

Me POLYMNESTOR. — Je le sais très-bien ; mais, de son vivant, que fut-il ? quelle était sa profession ?

ÉDOUARD MARTIN. — Il avait la profession de défunt.

Mᵉ POLYMNESTOR. — Toujours ???

ÉDOUARD MARTIN. — Oui, monsieur, toute sa vie.

Mᵉ POLYMNESTOR, *avec ironie.* — Ah ! très-bien, je comprends : — madame Pictompin était, ce qu'on appelle en France veuve d'un colonel tué en Afrique... (*A Grivaiseau.*) N'est-ce pas, confrère ?

Mᵉ GRIVAISEAU, *avec un sourire moqueur.* — Oui, connu ! connu !

LE PRÉSIDENT. — Je crois devoir prévenir les avocats qu'ils cherchent trop à saper la muraille qui ceint d'ordinaire la vie privée.

Mᵉ POLYMNESTOR. — C'est dans l'intérêt de la défense.

LE PRÉSIDENT, *avec juste sévérité.* — Mᵉ Polymnestor, il est des vierges dont il ne faut jamais soulever le voile.

MADAME LA PRÉSIDENTE, *approuvant*. — Bien! très-bien! Ulysse, tu auras du café noir à ton dîner.

LE PRÉSIDENT, *au témoin*. — Monsieur, à la dernière audience, vous avez demandé vingt-quatre heures pour rassembler les lettres qui peuvent jeter quelque jour sur cette ténébreuse affaire : Êtes-vous disposé à nous confier la correspondance de Mlle Agathe Picmompin?

ÉDOUARD MARTIN. — Oui, monsieur. (*Le témoin tire de sa poche plusieurs paquets formés de faveurs roses, dont il examine la suscription en murmurant :*) Ah!... de cette petite duchesse d'Herbly...; de ma friponne de comtesse...; de la délirante baronne de Charnay...; enfin voici... non, c'est encore de ma fougueuse senora Da Silva Persaflor! (*Il prend enfin un paquet qu'il donne au greffier en ajoutant :*) Voici, je crois, les griffonnages de cette croquante.

Ces derniers mots sont jetés avec ce ton de parfait gentilhomme que cet écrivain possède et qui lui a valu le surnom de *Bassompierre en paletot.*

LE PRÉSIDENT. — Greffier, donnez-en lecture.

LE GREFFIER, *lisant.* — « 8 avril. Si vous m'aimez, monsieur, respectez-moi. L'amour vit de sacrifices, et je saurai qu'il est dans l'ombre un homme qui m'adore sans la moindre espérance.

« AGATHE PICTOMPIN. »

LE PRÉSIDENT, *à part.* — Le siége sera rude !

LE GREFFIER, *lisant la deuxième lettre.* — « 9 avril. Édouard, vous m'avez perdue !... »

LE PRÉSIDENT, *surpris.* — Déjà !

MADAME LA PRÉSIDENTE. — Pauvres femmes, nous sommes si faibles !!!

LE PRÉSIDENT, *d'un ton froid.* — Ernes-
te, je me plais à croire que vous faites exception.

LE GREFFIER, *lisant.* — « 9 avril. Édouard,
vous m'avez perdue!... Venez, je vous attends
avec mes remords dans le passage de l'Opéra,
pour aller nous jeter aux pieds de ma mère
et demander notre pardon. — A. P. »

Pendant cette lecture, qui atteste son
triomphe, Édouard Martin promène sur les
dames assises aux stalles ce regard fascina-
teur que le duc de Richelieu, de la plate-
forme de la Bastille, jetait sur les dames de
la cour, paradant pour lui dans la rue Saint-
Antoine, au moment de sa promenade sur la
roue.

LE GREFFIER, *lisant.* — « 14 avril. Vous
m'aviez promis votre nom, ingrat! quand je

vous le réclame, vous m'offrez celui d'Édouard et me refusez celui de Martin. — Voyez-vous d'ici quel triste effet produit dans le monde

Madame Édouard!!! — C'est tout au plus bon pour une somnambule! — Je vous attendrai ce soir au café Flamand, 10, boulevard Saint-Martin. — A. P. »

LE PRÉSIDENT, *à part, attendri.* — Elle fut noble dans sa défaite!

LE GREFFIER, *lisant.* — « 18 avril. Je tremble chaque jour que maman ne lise ma faute! Elle perdrait ses deux dernières dents à ce nouveau et douloureux coup; ma sœur Léonie déjà mère et fascinée par un rédacteur du *Mousquetaire;* et moi... Ah! décidément, le journalisme ne nous réussit pas!!! — Quel est donc ce monsieur qui hier, à la sortie des Italiens, m'a pincé la taille en murmurant: *25 francs par mois et un mobilier, loin de rance.* — Pour qui me prenait-il donc? En étais-je arrivée là!!! — A. P. »

« 17 avril. Vous me dites que ce monsieur se nomme Siraudin et vous m'engagez à le recevoir au prochain bal de ma mère. — Non pas, mon ami, il est trop sans gêne. Écoutez plutôt sa récente aventure que je vous garantis *très-historique :* — Invité lundi dernier au bal donné par un directeur de théâtre, sur les deux heures du matin, ce monsieur, se sentant un peu fatigué, a trouvé bon d'aller se coucher dans le lit du maître de la maison qui, au point du jour, après avoir congédié ses invités, a trouvé, en rentrant dans sa chambre, votre ami ronflant sur son oreiller. — Non, je ne l'inviterai pas au bal de ma mère, j'aurais trop peur en pénétrant le matin dans ma cellule de jeune fille. — A. P. »

M. ÉDOUARD MARTIN. — Cette lettre fut la

14

dernière. Malgré ses pressentiments, Agathe invita Siraudin à la soirée maternelle. — Le lendemain, Siraudin rougissait à ma vue et évitait de me parler; j'eus la discrétion de ne pas l'interroger, mais je ne revis plus Agathe. J'ai perdu à la fois ce jour-là une maîtresse et un ami. — Le pardon de Siraudin est tout prêt, et j'attends depuis cette époque qu'il vienne le chercher.

LE PRÉSIDENT. — Monsieur, cette grandeur d'âme ne m'étonne pas en vous chez qui j'ai deviné de nombreuses qualités. (*D'un ton paternel, en retournant le rond en caoutchouc sur lequel il est assis.*) Permettez-moi un conseil : vous avez dernièrement promis e secours de votre plume à la rédaction du *Figaro* hors d'haleine... Puisse votre utile concours lui donner du vent!!... Vos ouvrages dramatiques sont goûtés, votre journalisme est apprécié : évitez donc d'éteindre tous ces avantages dans une vie de *ruelles* d'*alcôves* qui doit nuire à votre travail.

ÉDOUARD MARTIN. — Le travail, ça peut se manger froid...

LE PRÉSIDENT. — Tandis que la femme demande à être croquée brûlante... j'achève votre pensée, n'est-ce pas? (*Martin rougit.*) Je vous le répète, monsieur, évitez que les débordements de l'homme privé ne viennent ternir la gloire de l'élégant et spirituel écrivain. (*Avec tendresse.*) Que le triste exemple de MIRABEAU vous profite!!

ÉDOUARD MARTIN, *avec modestie.* — Oh! je suis moins débordé que Mirabeau!

LE PRÉSIDENT. — Eh! eh! je ne suis pas de votre avis, car j'ai là votre dossier qui atteste vos nombreux ravages... surtout dans des cœurs de très-hauts parages; — vous êtes ce qu'on appelle un homme à bonnes et très-bonnes fortunes! (*Avec sourire.*) Je vous

avouerai même que j'en suis fort étonné, car
enfin vous n'êtes pas joli, joli!!

ÉDOUARD MARTIN, *avec modestie.* — C'est
vrai, monsieur; et, sincèrement, je voudrais
être beau... j'aurais peut-être moins de succès, et par conséquent bien moins de remords.

LA FOULE. — Oui, oui, il a de l'épaule et
de la fraîcheur!

LE PRÉSIDENT, *à sa femme.* — Ernestine,
est-ce que tu le trouves joli?

ERNESTINE. — Non, mais il a l'air si aimable!

En prononçant cette phrase, madame la
Présidente a les yeux fixés sur ceux d'Édouard
Martin qui laisse tomber son mouchoir.

LE PRÉSIDENT. — Monsieur, vous pouvez
vous retirer.

Au moment où le témoin sort, madame la
présidente quitte précipitamment l'audience,

sous le prétexte d'une visite de nouvel an aux environs.

On va continuer la séance, quand le gendarme à lunettes arrive prévenir le Président que l'accusé Crevant, toujours souffrant, a besoin de repos et prie de lever la séance dont le bruit l'empêche de s'assoupir.

LE PRÉSIDENT. — Les désirs d'un malade sont des ordres, allons-nous-en. (*A part.*) Tiens! Ernestine a emporté la clef de la maison... petite folle!!

Il sort en tâtant ses poches.

QUINZIÈME AUDIENCE

QUINZIÈME AUDIENCE

Il est inutile d'insister sur la foule devenue
telle dans la salle, qu'elle a fini par envahir
l'enceinte même du tribunal. Faute de pouvoir placer une chaise, les jurés sont obligés
de s'asseoir sur la tête des auditeurs. La rivalité des deux avocats et la déposition de
l'unique témoin à décharge, enfin arrivé,
dont la déposition va jeter un nouveau jour
sur le procès, tout concourt à réveiller la curiosité.

A dix heures l'audience est ouverte.

A la vue des deux avocats, le public pouss[e]
un tel cri de joie que tous les chiens de l[a]
ville s'enfuient effrayés jusqu'à Anvers.

LE PRÉSIDENT, *jaloux*. — Toute marque de
sympathie est formellement interdite. —
Comme pareille chose pourrait se reproduir[e]
dans une foule aussi nombreuse, il faut l'é[c]
claircir. — Que les derniers venus se retiren[t.]

Personne ne bouge, on rit.

LE PRÉSIDENT, *sèchement*. — Huissier, faite[s]
sortir 20,000 hommes et comptez.

Mᵉ POLYMNESTOR. — Je ferai remarquer à
M. le président que beaucoup de personne[s]
attendent en cette enceinte depuis cinq jours [et]
il n'est donc pas juste que les gens exacts
payent pour les retardataires.

MADAME LA PRÉSIDENTE. — Ulysse, mon[-]
sieur me paraît avoir raison.

LE PRÉSIDENT. — Mais, bobonne, il faut
cependant éclaircir la foule.

Mᵉ POLYMNESTOR. — Que le sort en décide, ma conscience me permettra de descendre plus calme dans la nuit du tombeau.

LE PRÉSIDENT, *approuvant*. — Soit, j'accepte la décision du sort! (*Avec ironie.*) Huissier, faites sortir toute personne *qui ne sera pas grêlée horriblement.*

L'huissier monte sur la foule; mais, après un plus sévère examen des figures, une seule personne est expulsée : c'est un enfant de huit ans qui maudit son infirmité et prétend qu'il a l'avenir devant lui.

LE PRÉSIDENT, *avec bonté*. — Mon enfant, je partage votre douleur. — Outre qu'il vous exempte d'avance de la conscription, je parlerai du triste état de votre figure en haut lieu, et je puis d'avance vous promettre une pension et une place au Musée. — Allez.

La foule se trouvant éclaircie par ce procédé, qui prouve le peu de succès obtenu par

la vaccine dans le Limbourg, le président
donne l'ordre d'introduire l'accusé.

Après dix minutes d'une fiévreuse attente,
il entre soutenu par les deux mêmes gendarmes qui depuis deux semaines n'ont cessé
de l'entourer de leurs soins affectueux. — Il
porte toujours son costume à la Henri III.

A peine assis sur son banc, l'accusé se
plaignant du froid aux pieds, un des gendarmes s'accroupit et, déboutonnant son
habit, il réchauffe les pieds de Crevant sur
sa poitrine. Quant à son camarade, tant de
larmes versées sur le sort de l'accusé lui ont
affaibli la vue à tel point qu'il a obtenu de
ses chefs l'autorisation de se faire conduire à
l'audience par un caniche.

Le président donne l'ordre d'introduire le
témoin à décharge.

Le plus grand silence règne en ce moment
dans la salle : on entend pousser les cheveux.

On voit entrer un monsieur vêtu de noir, bottes vernies, cravate blanche, gants Jouvin, lorgnon d'or; tenue irréprochable et de bon goût.

LE PRÉSIDENT. — Vos nom et prénoms?

LE TÉMOIN. — Le marquis Ernest d'Harcourt de Jubigny.

LE PRÉSIDENT. — Votre profession?

LE TÉMOIN. — Concierge.

LE PRÉSIDENT, *surpris*. — Vous paraissez né pour un autre état.

LE TÉMOIN. — C'est vrai ; mais comme je m'étais ruiné à la Bourse, je me suis adressé à mon ami Crevant, ancien condisciple de chez Jauffret, qui m'a donné la place de son concierge.

LE PRÉSIDENT. — Ainsi l'accusé est votre propriétaire.

LE TÉMOIN. — Oui, mon président. (*A l'accusé.*) Ah ! à propos, Crevant, le ménage du fond de la cour se plaint d'être inondé ; le toit est crevé.

L'ACCUSÉ. — Donne-leur-z'y congé et loue-z'à une blanchisseuse.

LE TÉMOIN. — L'artiste du quatrième demande des réparations.

L'ACCUSÉ. — Bouche-z'y son plomb.

LE PRÉSIDENT, *au témoin*. — Permettez ! permettez ! vous n'avez pas été appelé ici pour conférer avec votre propriétaire, mais bien pour parler de la cause.

LE TÉMOIN. — Je m'en doutais.

LE PRÉSIDENT. — Connaissez-vous quelques détails sur la triste fin des dames Pictompin ?

LE TÉMOIN. — Je sais toute la vérité.

A cette affirmation, l'auditoire pousse un hurlement de joie. — On va donc enfin connaître le motif qui a pu pousser un propriédire à assassiner des locataires qui payaient bien.

A L'ACCUSÉ , *vivement*. — Ernest, si tu dis un mot, je te retire ta loge.

LE PRÉSIDENT. — Moi, je vous assure une autre place.

L'ACCUSÉ. — Tais-toi, et je t'autorise z'à exiger une amende de tous les locataires qui rentreront z'après sept heures du soir.

LE PRÉSIDENT. — Je vous promets une gra- tification.

L'ACCUSÉ. — Je te dispenserai de balayer les escaliers.

LE PRÉSIDENT. — Je change la gratification en une pension viagère.

LE TÉMOIN, *avidement*. — De combien ?

LE PRÉSIDENT. — Cent francs par mois.

LE TÉMOIN. — Je demande à réfléchir.

L'AIGLE DE SOISSONS. — Monsieur le pré- sident, vous corrompez le témoin.

LE CYGNE DE LA BOURGOGNE. — J'allais lui dire.

Mᵉ Polymnestor témoigne une vive impatience au son de voix de son collègue.

LE PRÉSIDENT, *au témoin.* — Vous décidez-vous à parler ?

LE TÉMOIN. — Oui, monsieur.

L'ACCUSÉ, *suppliant.* — Ernest, au nom de ce que j'ai fait pour toi !...

LE TÉMOIN. — J'en suis fâché, mon bon, mais la conscience parle plus haut que l'amitié ; la vérité avant tout. (*Au président.*) Vous me jurez que j'aurai une pension ?

LE PRÉSIDENT. — Sur la tête de mon fils.

LE TÉMOIN. — Je vais tout dire.

L'ACCUSÉ, *d'un ton sec.* — Alors, Ernest, je te donne huit jours pour chercher z'une autre place.

Mᵉ POLYMNESTOR. — Je proteste contre cette manière de suborner le témoin.

Mᵉ GRIVAISEAU. — J'allais le dire.

Mᵉ POLYMNESTOR, *furieux*. — Ah ! mille robinettes ! vous m'ennuyez à la fin, vous !... j'ai l'air de vous voler vos phrases.

Mᵉ GRIVAISEAU. — J'allais le dire.

Mᵉ POLYMNESTOR. — Encore?... oh ! avec quelle volupté je te daguerais sur le Pré aux Clercs!

Mᵉ GRIVAISEAU. — Mais je vous y ai attendu l'autre jour, et vous n'y êtes pas venu.

Mᵉ POLYMNESTOR. — Je faisais l'inventaire de ma femme.

Mᵉ GRIVAISEAU. — Voulez-vous y aller ce soir ?

Mᵉ POLYMNESTOR. — Impossible de m'absenter, j'attends une lettre.

A cette réponse prudente, qui excite un murmure ironique dans la foule, Crevant a jeté sur son oncle un regard méprisant ; il semble regretter les faits accomplis.

Tout porte à croire que si sa tante
vivait encore et qu'elle fût toujours demoiselle, ce n'est plus à *l'Aigle de Soissons*
qu'il confierait le soin du bonheur de sa
parente.

LE PRÉSIDENT. — Témoin, nous attendons
votre déposition.

L'ACCUSÉ. — Ernest, je te *repigerai!* fais-
y bien z'attention.

LE TÉMOIN. — Je ne suis plus ton portier et
je te défends de me tutoyer.

LE PRÉSIDENT. — Nous vous écoutons.

LE TÉMOIN. — Au mois de septembre dernier, j'étais tranquillement occupé dans ma
loge à essayer des pantalons que venait de
m'envoyer Renard, quand les trois dames
Pictompin se présentèrent pour visiter l'appartement en location.

LE PRÉSIDENT. — Paraissaient-elles déjà
malades ?

LE TÉMOIN. — Oh ! non ; une santé de fer ! elles étaient si grasses, que leurs robes avaient craqué sous les bras et dans le dos. En les voyant entrer, le boutiquier d'en bas annonça que, si elles louaient dans la maison, il exigerait deux piliers en fonte pour soutenir la poutre. — Elles ne visitèrent pas plus loin que la cuisine, qui leur plut tant, qu'elles descendirent immédiatement chez le propriétaire et signèrent un bail de vingt ans.

LE PRÉSIDENT. — Cet appartement n'était-il pas situé au-dessus de celui occupé par Crevant et sa tante ?

LE TÉMOIN. — Oui, monsieur. Quand elles emmenagèrent, à l'exception des lits, tout leur mobilier consistait en une formidable batterie de cuisine et un piano, à caisse vide, dans lequel on élevait l'enfant de mademoiselle Léonie.

LE PRÉSIDENT. — Recevaient-elles nombreuse société?

LE TÉMOIN. — Personne, sauf un jeune homme qui venait fort tard et repartait de très-bon matin. Ces dames l'appelaient *le père de l'enfant.* — J'ai appris depuis par les débats qu'il se nommait Asseline.

LE PRÉSIDENT. — A quoi passaient-elles leur temps?

LE TÉMOIN. — A s'engraisser; il y avait toujours deux repas sur le feu.

LE PRÉSIDENT. — Arrivez à la catastrophe.

LE TÉMOIN. — Dès le lendemain de l'installation, un premier craquement se fit entendre dans la maison. — L'architecte, mandé à la hâte, reconnut que le bâtiment, construit à à la légère, n'avait pu résister à une augmentation de poids aussi énorme. — Crevant, effrayé, offrit une indemnité aux dames Pictompin, qui, leur bail à la main, exigèrent

200,000 fr., qu'il refusa. — Elles continuè-
rent si bien à engraisser, que huit jours après
la maison tassa de près de 10 pieds, et le
boutiquier, dont le magasin était devenu une
cave, déménagea de nuit. — Tous les autres
locataires, effrayés, s'enfuirent sans payer le
terme.

LE PRÉSIDENT. — Le poids des défuntes
était donc considérable ?

LE TÉMOIN. — Vous allez en juger. — Pendant le jour, ces dames, parcourant les diverses pièces de l'appartement, le poids se
trouvait divisé ; mais la nuit, comme elles oc-
cupaient la même chambre à coucher, située
à l'extrémité de l'aile droite, le poids se trouvant réuni dans cette partie du bâtiment, elle
a, peu à peu, fléchi au point que la gout-
tière s'est abaissée à environ 20 millimètres
du pavé.

LE PRÉSIDENT, *sévère*. — Crevant est inexcusable ! Si l'appât d'un bail de 20 ans ne lui avait pas fait négliger de prendre des informations sur le précédent logement des dames Pictompin, il aurait été prévenu de cet inconvénient.

LE TÉMOIN. — C'est vrai ; nous y pensâmes, mais il était trop tard ; ce fut alors que nous apprîmes que ces dames, d'origine toscane, avaient habité pendant dix ans la TOUR DE PISE, dont la force armée les avait fait déguerpir pour cause de sûreté générale.

LE PRÉSIDENT, *au jury*. — Messieurs les jurés, je crois devoir vous prévenir que j'ai visité cette tour qui, sans doute par suite de la résidence des dames Pictompin, est aujourd'hui tellement penchée, qu'elle s'écroulerait sans un miracle inouï d'équilibre. — Je saisirai aussi, avec empressement, cette occasion de vous faire remarquer que nos pères construisaient plus solidement que nous. (*Au témoin.*) Vous pouvez continuer.

LE TÉMOIN. —La police allait faire détruire la maison qui menaçait la voie publique, quand mon propriétaire, en apprenant que les dames Pictompin partaient pour Paris, conçut le projet qui a obtenu un si fatal résultat, et les suivit en France.

Chaque parole du témoin est littéralement bue par l'auditoire haletant d'émotion.

LE PRÉSIDENT. — Quelles étaient leurs ressources pour vivre à Paris?

LE TÉMOIN. — Elles comptaient vendre leurs actions du *Jardin-d'Hiver*.

LE PRÉSIDENT. — Elles se trouvèrent donc bientôt sans un sou pour manger!!

LE TÉMOIN. — Oui, monsieur; ce fut alors que Crevant, qui s'était lié avec Gil Pérès, auquel il avait confié ses peines, reçut de lui le sinistre conseil d'offrir à ces dames 24 ca-

chets d'abonnement dans un restaurant à 1
sous de la rue de l'Arbre-Sec. — Au 17
cachet, les malheureuses Pictompin, qu
avaient accepté ce don, mouraient empoi
sonnées.

A ces mots, l'accusé se lève vivement, la
main gauche placée sur le cœur et le bras
droit étendu en avant.

L'ACCUSÉ, *d'une voix ferme.* — Sur mon
honneur! je le jure, je ne voulais pas leur
mort, je désirais seulement les faire mai-
grir.

LE PRÉSIDENT, *sévèrement.* — On ne vous
demande rien, vous parlez maintenant beaucoup trop (*Au témoin.*) Allez-vous asseoir.

LE TÉMOIN. — Et ma pension?

LE PRÉSIDENT. — Quelle pension?

LE TÉMOIN. — Celle que vous m'avez promise.

LE PRÉSIDENT. — Dès demain, on vous

donnera hypothèque sur le théâtre de Belle-
ville.

LE TÉMOIN, *à part, avec rage.* — Je suis
fumé !

Un frémissement d'horreur agite la foule;
on connaît enfin le mystérieux motif qui a
poussé l'accusé à se servir de ce poison si
longtemps inconnu et qui dérouta la science
du célèbre chimiste Bondebeuf.

La liste des témoins est épuisée.

LE PRÉSIDENT. — Crevant, avez-vous quelque chose à dire contre les dépositions des
divers témoins ?

L'ACCUSÉ, *avec découragement.* — Rien !

LE PRÉSIDENT. — Alors la parole est à
Me Polymnestor, défenseur de l'accusé.

L'aigle de Soissons se lève avec empressement, retrousse ses manches, crache dans
une tabatière qu'il avait fait garnir de son à
cet effet. — Au moment où l'illustre avocat

va parler, on fait passer un billet au président.

LE PRÉSIDENT. — Je suis forcé de lever la
séance : ma femme m'écrit qu'il vient de nous
arriver des parents de la campagne.

SEIZIÈME AUDIENCE

L'Aurore ouvrait à peine les portes de l'Orient, que la foule s'amassait déjà à celles du tribunal, avide d'entendre le magnifique plaidoyer de l'aigle de Soissons. — A huit heures, une centaine de personnes placées en tête de la queue vendaient leurs places à un taux fabuleux.

De son côté, l'illustre orateur a préparé depuis cinq jours sa sublime improvisation. — Se souvenant que Démosthène s'était perfectionné la prononciation en allant mâcher

les galets sur le bord de la mer, M⁰ Polymnestor a voulu imiter ce procédé; mais la
mer se trouvant trop éloignée pour qu'il pût
se procurer des cailloux, il les a remplacés
par des pruneaux.

M⁰ Grivaiseau, *le cygne de Bourgogne*, doit
prendre la parole après son collègue.

A dix heures, l'audience est ouverte. —
Bon nombre de jurés se garnissent les oreilles
de coton pour que le bruit monotone du plaidoyer ne les empêche pas de dormir. — On
introduit l'accusé, qui tient son bonnet de
nuit à la main.

Au premier rang des auditeurs, le président
a fait placer les parents qui lui sont arrivés
de la campagne, — cela le dispense de les
promener par la ville pour leur en faire admirer les monuments.

LE PRÉSIDENT. — La parole est à M⁰ Polymnestor, défenseur.

Beau du feu sacré d'éloquence qui le dévore, l'aigle de Soissons se lève aussitôt.

Me POLYMNESTOR. — Messieurs de la Cour,
je n'irai pas par quatre chemins, et je vous
dirai : Oui, l'accusé a empoisonné les Pictompin; — mais est-il coupable? Non, assuré-
ment... il était prédestiné.

LE PRÉSIDENT. — Vous plaidez donc le *fa-
talisme ?*

Me POLYMNESTOR, *sèchement.* — Ne m'in-
terrompez pas. (*Continuant.*) L'homme n'est
pas libre; ses déterminations comme ses actions sont fatales, impersonnelles, indiffé-
rentes. — La distinction entre le bien et le
mal : chimère ! — Les éloges donnés à la
vertu et les châtiments infligés au crime :
duperie et iniquité!!! (*Bravos nombreux.*)
Le prétendu criminel, auquel la justice demande compte de ses actions, doit en repor-
ter la responsabilité à la cause supérieure

dont il est l'aveugle instrument, et le jug... qui
est tenu d'absoudre en lui la nécessité, comme...
il absout la folie et l'erreur. Ainsi, je...

Mᵉ GRIVAISEAU, *à l'orateur*. — Désolé de...
vous interrompre, cher collègue; mais j'ai...
une petite observation à faire au président...

Mᵉ POLYMNESTOR, *à part, avec fureur*. —
Animal!!! j'étais lancé!

LE PRÉSIDENT. — La parole est à Mᵉ Gri--
vaiseau.

Mᵉ GRIVAISEAU. — Je m'aperçois qu'une
personne très-importante manque ici depuis...
le commencement des débats, je veux parler...
du procureur du roi.

LE PRÉSIDENT. — Je le sais aussi bien que
vous; mais depuis cinq mois, ce magistrat est
retenu au lit par une cruelle maladie.

Mᵉ GRIVAISEAU. — Laquelle?

LE PRÉSIDENT, *les larmes aux yeux*. — Il
perd ses cheveux.

Me GRIVAISEAU. — Il faut cependant quelqu'un pour développer les moyens qui ap-
puient l'accusation.

LE PRÉSIDENT. — Nous nous en passerons.

Me GRIVAISEAU. — Je m'y oppose.

LE PRÉSIDENT. — Mais c'est l'intérêt de
l'accusé, votre client.

Me GRIVAISEAU. — Zut! la loi avant tout.

Me Polymnestor n'a pas entendu la fin de
cette altercation; après une légère grimace
de douleur, il s'est enfui tout à coup sans
dire où il allait. — On pense qu'il est parti
acheter des pruneaux.

LE PRÉSIDENT. — Me Grivaiseau, vous avez
attendu bien tard pour faire votre observation.

Me GRIVAISEAU. — Servez-moi le substitut.

LE PRÉSIDENT. — Il est au bain.

Me GRIVAISEAU. — Ça m'est égal! un substitut ou la mort.

La foule prend parti pour le cygne de
Bourgogne et frappe des pieds en demandant un substitut. (Air *des Lampions.*)

LE PRÉSIDENT, *impatienté.* — Si vous tenez tant à en avoir un, que l'un de vous se
charge de cette fonction.

UNE VOIX. — J'accepte l'honneur.

La foule s'écarte avec empressement devant un monsieur à barbe rousse, et dont la
figure, plutôt chiffonnée que belle, possède
ce qu'on nomme communément la beauté du
diable.

LE PRÉSIDENT. — Votre nom?

LE MONSIEUR. — Eugène Wœstyn.

LE PRÉSIDENT. — Votre profession?

WŒSTYN. — Rédacteur du *Charivari.*

LE PRÉSIDENT. — Spirituel journal, monsieur, dont je...

WŒSTYN. — Je ne vous demande pas votre
avis.

LE PRÉSIDENT. — Alors, que désirez-vous ?

WŒSTYN. — La place du substitut.

LA FOULE. — Oui, oui.

LE PRÉSIDENT, *intimidé*. — Je vous l'accorde avec plaisir.

Wœstyn prend le fauteuil auquel ses nouvelles fonctions lui donnent droit.

LE PRÉSIDENT. — La parole est au ministère public pour soutenir l'accusation.

WŒSTYN. — Je ne suis pas préparé, je vous demande huit jours.

LE PRÉSIDENT. — Alors je lève la séance.

On est obligé de réveiller l'accusé pour le reconduire en prison.

DIX-SEPTIÈME AUDIENCE

DIX-SEPTIÈME AUDIENCE

La foule, en se présentant hier au Palais, a été désagréablement surprise à la vue d'une bande de calicot appliquée sur la porte et portant ces mots :

Relâche par indisposition du président.

Il paraît que ce magistrat, en se rendant dimanche dernier à sa campagne par le chemin de fer, s'est trouvé placé entre une portière dont la vitre brisée formait ventilateur, et un voisin chantant à tue-tête le refrain à la mode : *Ah! qu'il fait donc bon, qu'il fait si donc bon...* — Pris dans ce courant d'*airs*, le digne président en a attrapé un coup sur les oreilles, ce qui l'a rendu entièrement sourd.

Ainsi que le faisait prévoir la rivalité des défenseurs de l'accusé, une rencontre a eu lieu, mardi dernier, sur le *Pré aux Clercs*, entre les deux illustres orateurs. — Les té-moins étaient MM. Bondeheuf et Eug. Wœs-tyn, pour Me Grivaiseau, et MM. Plagueux et Chandran Dupourit, pour Me Polymnestor ; l'arme choisie était le pistolet à quarante pas ; mais, arrivés sur le terrain, les témoins, sur les instances de M. Wœstyn, qui voulait éviter une catastrophe, ont obligé les combattants à accepter le duel au couteau, à quinze pas et sans marcher l'un sur l'autre. — Après un combat acharné commencé à sept heures du matin, la nuit a séparé les deux adversaires.

n partant, ces deux foudres d'éloquence,
annissant de leurs cœurs tout sentiment de
asse jalousie, se sont donné le baiser fra-
ternel, en se jurant une sainte amitié. (Extrait du *Constitutionnel Limbourgeois.*)

DIX-HUITIÈME AUDIENCE

La m[illegible]

été e[illegible]

[illegible] le[illegible]

[illegible]identes

[illegible]gnie de[illegible]

temps de[illegible]

a Cour e[illegible]

[illegible]ptés s[illegible]

[illegible] l'article [illegible]

la séa[illegible]

Depuis g[illegible]

DIX-HUITIEME AUDIENCE

La nouvelle que cette audience serait con-
sacrée aux plaidoyers des deux défenseurs,
a rendu la foule tellement compacte, que le
président est obligé de faire appeler une compagnie de sapeurs du génie pour la fendre
coups de hache, et ouvrir ainsi un chemin
à la Cour et à l'accusé. — Tous les membres
coupés sont aussitôt portés au greffe pour y
être réclamés par leurs propriétaires.

La séance est ouverte à dix heures.

Depuis qu'ils se sont jurés sainte amitié,

les deux célèbres orateurs se sont partagé la défense; M⁰ Polymnestor prendra la parole et M⁰ Grivaiseau fera les gestes. — Au moment de l'entrée de la Cour, les deux orateurs se tiennent si amicalement enlacés que la foule les surnomme aussitôt les *deux frères Lyonnet du barreau.*

Le siége du ministère public est occupé par M. Eugène Wœstyn, remarquable par le chiffonné de sa figure qui rappelle à peu près l'Antinoüs comme un bouton de paletot rappelle le palais de Versailles. — Afin de posséder plus de liberté dans ses mouvements oratoires, il a retiré ses bottes. — On s'en plaint.

Plus le moment décisif approche, plus l'accusé fait preuve d'un profond cynisme.

LE PRÉSIDENT. — Le ministère public, ayant déjeuné à la hâte et demandant un peu de temps pour sa digestion, en vertu de mon pouvoir discrétionnaire, j'ordonne que la défense sera d'abord entendue.

Malheureusement pour l'accusé, ses défenseurs, depuis leur duel, sont devenus si timides que, par une modestie bien rare dans sa profession, aucun des deux ne veut prendre la parole avant son collègue. C'est un assaut de compliments flatteurs dans lequel chacun se reconnaît inférieur à l'autre et lui cède le pour.

Mᵉ POLYMNESTOR. — A vous l'honneur.

Mᵉ GRIVAISEAU. — Je n'en ferai rien.

Mᵉ POLYMNESTOR. — Près de vous je ne suis qu'un insecte.

Mᵉ GRIVAISEAU. — Vous êtes grand comme le monde.

Mᵉ POLYMNESTOR. — Berryer ne vous vaut pas.

Mᵉ GRIVAISEAU. — Vous êtes le Bossuet de l'époque.

Mᵉ POLYMNESTOR. — Passez-moi vos sou
liers, je veux en nouer les cordons.

Mᵉ GRIVAISEAU. — Laissez demain mati
vos escarpins devant votre porte, j'irai le
décrotter.

LE PRÉSIDENT, *conciliateur*. — Alors par
lez tous les deux à la fois.

Mᵉ POLYMNESTOR. — Non, j'empêcherai
d'entendre les sublimes paroles de mon
collègue et ami.

Mᵉ GRIVAISEAU. — Je nuirais à la brillan
éloquence de mon bien-aimé confrère.

LE PRÉSIDENT, *impatienté*. — Je ne com
prends pas cet assaut de modestie, car, ordi
nairement, quand la défense a deux inter
prètes, c'est le plus *médiocre* qui commence

LA FOULE. — C'est vrai! c'est vrai! au plu
âne à commencer.

Mᵉ POLYMNESTOR. — Je cède la parole à
Grivaiseau.

Mᵉ GRIVAISEAU. — Que Polymnestor use de son droit.

Un nouveau débat recommence; cette fois, c'est à qui ne parlera pas le premier.

LE PRÉSIDENT. — Décidez-vous, car la cause ne peut rester sans défense.

Pendant cette altercation, l'accusé n'a été occupé qu'à contempler le resplendissant gilet du témoin *Désarbres*, resté dans l'auditoire.

LE PRÉSIDENT, *d'un ton sec.* — Monsieur Désarbres, veuillez sortir à l'instant.

DÉSARBRES. — Pourquoi ça?

LE PRÉSIDENT. — La vue de votre trop magnifique gilet prive l'accusé du sang-froid si nécessaire dans sa triste position.

DÉSARBRES. — Laissez-moi rester, e coutonnerai mon paletot.

LE PRÉSIDENT. — A cette condition, j'y

consens. (*A l'accusé.*) Je vais vous donner un défenseur d'office.

L'ACCUSÉ, *reprenant ses sens.* — Je n'aime pas les nouvelles figures.

LE PRÉSIDENT. — Vous ne pouvez rester sans défenseur.

L'ACCUSÉ. — Je n'en veux pas, mon innocence n'en sera que mieux reconnue.

LE PRÉSIDENT. — C'est bien décidé?

L'ACCUSÉ. — Très-décidé.

LE PRÉSIDENT, *avec douleur.* — Alors la parole est à M. Wœstyn, remplissant par intérim, les fonctions de ministère public.

E. WŒSTYN. — Faites d'abord une annonce au public.

LE PRÉSIDENT, *saluant.* — Mesdames et Messieurs, notre procureur du roi s'étant trouvé subitement indisposé, M. Wœstyn qui, au pied levé, a bien voulu se charger du rôle, réclame toute votre indulgence. (*On applaudit.*)

WŒSTYN. — Messieurs, s'il est des crimes qui méritent l'indulgence, il n'en est pas de même pour celui dont Crevant s'est rendu coupable. — Examinons sa conduite avant l'acte de cruauté qui l'a cloué sur ce banc, et prenons-le dès ses plus tendres années. A trois mois, l'accusé mordait le sein d'albâtre de sa nourrice... besoin de meurtre ! Messieurs. — A quatre ans, atteint d'une maladie de peau, il se grattait avec un acharnement qui ne tardait pas à enlever l'épiderme et à faire jaillir le sang. Je ne cite ce fait que pour prouver chez Crevant un précoce désir de tremper ses doigts dans le sang... (*Vive impression.*)

Me GRIVAISEAU. — Mais il s'agit d'empoisonnement ! ! !

WŒSTYN. — Il aurait tout aussi bien pu

tharcuter ses victimes ! (*A la Cour.*) Vous le
voyez donc, Messieurs, dans un âge aussi
tendre, faute d'une proie, le tigre se dévorait
lui-même ! (*Bravos.*) Plus tard, dans sa
quinzième année, nous le trouvons, malgré
les sévères défenses paternelles, se nourris-
sant d'ail, d'oignon et de ciboule, à tel point
qu'on entendit vingt fois le malheureux père
s'écrier : *Ah ! Hector, tu empoisonnes tout le
monde !...* Terrible reproche, Messieurs, qui
présageait l'avenir !! (*Profonde sensation.*)

LE PRÉSIDENT. — Arrivez aux Pictompin.

WOESTYN. — Quand il leur versa le poison...

Mᵉ POLYMNESTOR. — On ne verse pas un
dîner à 19 sous.

WOESTYN, *avec aigreur.* — Je le sais mieux
que vous, mais l'éloquence possède des
images. (*A la Cour.*) Je persiste... quand il
leur versa le poison. Crevant avait-il un mo-

tif de haine ? Non. — Les dames Pictompin étaient d'excellentes locataires qui payaient bien et très-cher. — Avaient-elles un état bruyant ? Non, encore. L'instruction nous montre que leur unique profession était de s'engraisser ; chez elles, pas de bals, pas de piano (puisque la caisse de celui qu'elles possédaient servait de berceau au fils de Léonie), pas d'allées et venues, elles ne recevaient que la visite du sieur Asseline, garçon qui est bien loin de faire parler de lui.

LA FOULE. — C'est vrai ! c'est vrai !

Me POLYMNESTOR. — Elles faisaient tasser la maison par leur poids incroyable !

WOESTYN, *avec indignation*. — L'obésité n'est pas un motif d'empoisonnement !! Voyez l'éléphant du Jardin des Plantes, c'est, au contraire, parce que cet animal est monstrueux qu'on en prend soin ; s'il était seulement gros comme un bœuf, on n'aurait pas

d'égards pour lui. (*Avec force.*) Non! cent
fois non! l'obésité n'est pas un motif d'empoisonnement.

UN JURÉ, *très-gras.* — Il n'y aurait plus de
sûreté.

Mᵉ POLYMNESTOR. — Ces dames avaient
l'indélicatesse d'exiger 200,000 fr. pour
casser le bail.

WOESTYN. — Cette nouvelle excuse, je le
répète, n'autorisait pas l'empoisonnement. —
Continuons l'examen de la conduite de Crevant; il pouvait prendre des arrangements
avec ces dames, leur faire comprendre le
danger d'écroulement pour la maison, leur
proposer *d'habiter les caves,* ce qui aurait
fait disparaître ce danger... Au lieu de tout
cela, messieurs, que fait-il?... Il préfère les
faire périr de cette mort atroce que procure
le lent et terrible poison appelé par la science:
Le dîner à 19 sous.

De même qu'il n'avait alors aucun motif le crime, l'accusé ne possède aujourd'hui aucune excuse. Peut-il soutenir qu'il s'est attaqué à des personnes *lasses de vivre?* Toujours non. — Tout chez les dames Pic-tompin, sans parler de leur appétit, annonçait un besoin de vie. — Mlle Léonie était-elle lasse de vivre? L'instruction et le procès nous révèlent le contraire. — De son côté, la maman Pictompin était une joyeuse commère que nous voyons, au départ du voyage et en plein wagon, tresser ses lacs d'amour sur le carabinier Jean Fichasse. — Quant à la fille aînée, elle était idiote de naissance! (*Avec feu.*) Empoisonner une personne idiote, qui n'a aucun moyen de défense, c'est plus qu'un crime, c'est une indélicatesse!! (*Sensation profonde.*) Mais, dira-t-on, quitter son pays, faire deux cents lieues pour visiter Thibau-deau, c'est aimer par trop les émotions

fortes... soit, je l'accorde... mais jamais, a...
grand jamais, l'empoisonnement n'a été to...
léré comme émotion forte !! Crevant n'a don...
aucune excuse. (*Approbation générale.*) Je m...
résume, messieurs, en appelant sur l'accusé...
toute la sévérité des lois. (*Avec énergie.*) Je...
veux sa tête ! passez-moi sa tête pour mettre...
au bas de la rampe de mon escalier en guise...
de pomme. — J'ai dit.

Après cette foudroyante improvisation,...
Wœstyn remet ses bottes, salue modestement...
et sort fumer un cigare. — Après quelques...
instants, le calme renaît dans l'auditoire vive-...
ment ému. — Tout le temps du triomphe de...
Wœstyn, l'accusé est de nouveau resté en ex-...
tase devant le gilet du témoin Désarbres, qui,...
par complaisance ou à cause de la chaleur,...
avait déboutonné son paletot, malgré la parole...
donnée.

LE PRÉSIDENT, *sévère.* — Monsieur Désar-...

près, vous m'avez désobéi, veuillez sortir à l'instant.

Le témoin s'incline et sort.

LE PRÉSIDENT. — La défense veut-elle répondre au ministère public ?

Mᵉ POLYMNESTOR. — Nullement.

Mᵉ GRIVAISEAU. — Jamais.

LE PRÉSIDENT.— Les débats sont terminés.

Avec la sauvage et sévère impartialité du Mohican, il résume l'affaire, montre la culpabilité du contumace Gil Pérès, il rappelle aux jurés les fonctions qu'ils ont à remplir, et donne au chef du jury les questions écrites sur lesquelles on doit répondre.

LE PRÉSIDENT. — Gendarmes, faites retirer l'accusé.

Cinq minutes après l'entrée des jurés dans la salle des délibérations, un violent coup de sonnette annonce leur retour; ils reprennent leur place.

LE PRÉSIDENT, *au chef du jury*. — Voyons, qu'en pensez-vous?

Le chef du jury reconnaît Crevant coupable sur toutes les questions, il admet des circonstances atténuantes pour Gil-Pérès.

LE PRÉSIDENT. — Faites rentrer l'accusé.

Crevant reparaît en sautant à cloche-pied, doux jeu de son enfance qui contraste péniblement avec son épouvantable position. Le greffier lui lit la déclaration du jury.

CREVANT. — Ah! que c'est bête ces émotions-là, je sors de déjeuner!!!

Wœstyn, qui a achevé son cigare, est venu reprendre ses fonctions. En vertu des articles 295, 296, 301 et 302 du Code pénal, il réclame pour Crevant la peine de mort, et contre Gil-Pérès, protégé par les circonstances atténuantes, le maximum de la peine.

LE PRÉSIDENT. — Crevant, avez-vous quelque chose à ajouter pour votre défense?

Sous la douce influence de la digestion, l'accusé s'est endormi; le président le fait réveiller et lui répète sa question.

L'ACCUSÉ, *impatienté*. — Ah! laissez-moi, vous n'avez que des choses désagréables à me dire.

Après une courte délibération, pendant laquelle les juges ont opiné à voix basse, le président rend l'arrêt qui condamne le contumace Gil-Pérès à VINGT ANS DE BÉSIGUE et Crevant, reconnu coupable sur toutes les questions, A LA PEINE DE MORT.

CREVANT. — Comment dites-vous?

LE PRÉSIDENT, *bon jusqu'à la fin*. — A la peine de mort.

CREVANT, *souriant*. — J'avais bien entendu.

LE PRÉSIDENT. — Alors pourquoi me faire répéter?

CREVANT. — J'aime votre voix, elle me rappelle le bengali.

LE PRÉSIDENT. — Si vous voulez vous pourvoir, vous avez trois jours.

CREVANT. — Je demande à aller les passer en Suisse.

On emmène le condamné : en quittant son avocat, Me Grivaiseau, il lui glisse, à titre d'honoraires une pièce de quarante sous ; quant à Me Polymnestor, qui tendait déjà la main, il se contente de lui envoyer un baiser, avec ces mots : Je vais rejoindre ma tante et lui demander ton pardon.

Il sort suivi des deux gendarmes pleurant comme deux veaux qui auraient perdu la croix de leur mère.

DERNIÈRES NOUVELLES. — Ce matin, en pénétrant dans le cachot du condamné pour lui servir son chocolat, on n'a plus trouvé que son cadavre.

Crevant s'était empoisonné en avalant le portrait de Fiorentino.

Les médecins, appelés à la hâte, ont été atterrés de la force du poison, car la mort ne remontait pas à cinq minutes, et le corps entrait déjà en décomposition.

Par un testament en bonne forme, Hector Crevant lègue toute sa fortune à Paul Avenel, à la condition qu'il n'écrira plus.

FIN DU PROCÈS PICTOMPIN.

Paris. — Imprimerie MARPON et FLAMMARION, 26, rue Racine.

www.ingramcontent.com/pod-product-compliance
Ingram Content Group UK Ltd.
Pitfield, Milton Keynes, MK11 3LW, UK
UKHW022328090726

13658UKWH00001B/148

9 782019 952709